PRIMAVERA en el CAMINO de las LÁGRIMAS

PRIMAVERA
en el
CAMINO
de las
LÁGRIMAS

CÉSAR VIDAL

EDITORIAL JUCUM

P.O. BOX 1138 TYLER, TX 75710-1138

Editorial JUCUM forma parte de Juventud Con Una Misión, una organización de carácter internacional.

Si desea un catálogo gratuito de nuestros libros y otros productos, solicítelos por escrito o por teléfono a:

Editorial JUCUM
P.O. Box 1138, Tyler, TX 75710-1138 U.S.A.
Correo electrónico: info@editorialjucum.com
Teléfono: (903) 882-4725
www.editorialjucum.com

Primavera en el camino de las lágrimas
por César Vidal

Publicado por Editorial JUCUM
P.O. Box 1138, Tyler, TX 75710-1138 U.S.A

ISBN 978-1-57658-851-2

Primera edición 2016

Impreso en los Estados Unidos

Índice

PRIMER PARTE

LA CACERÍA

1

El sol primaveral acariciaba mansamente el agua y de esa manera le arrancaba destellos plateados similares a los que poseían las escurridizas escamas de los peces que se deslizaban entre las ondas. Amir disfrutaba de aquel juego de brillos y colores que se daba cita en la rizada superficie del arroyuelo. Sin embargo, a la vez, deseaba que se viera alterado por el súbito movimiento de su anzuelo anunciando la captura de alguno de los múltiples moradores de la corriente.

No hubiera podido precisar Amir el tiempo que llevaba apostado en absoluto silencio al lado del río pero si le hubieran preguntado al respecto habría respondido que apenas unos instantes. La verdad era que no habían transcurrido menos de tres horas desde el momento en que había abandonado su cabaña, teñida ya con los tonos malva de la aurora, para desplazarse hasta aquella ribera herbosa y mullida. El sol no se había levantado aún sobre la línea negruzca del horizonte cuando Amir colocaba en la orilla un jarrito rebosante de gusanos inquietos y móviles, insertaba un alfiler retorcido a guisa de anzuelo en el cuerpo blando y viscoso de uno de aquellos animalillos y luego, con un gesto rápido y seguro, con esa destreza que otorga el haber realizado un movimiento millares de veces, había depositado el conjunto sobre la superficie tranquila del agua. Mientras el anzuelo se sumergía con un gorgoteo en la corriente, Amir ató el extremo libre del hilo al dedo pulgar de su pie derecho y se recostó contra el tronco de un árbol.

Ahora el tirón, breve pero intenso, había arrancado de su distracción al muchacho. Durante unos instantes, no supo ni donde se encontraba ni lo que estaba haciendo pero la repetición de aquella diminuta fuerza que actuaba en torno a su dedo le devolvió directamente al mundo en el que se hallaba al iniciar la pesca. Había tenido suerte y tenía que aprovecharla. Con rapidez, tiró del hilo valiéndose de ambas manos. Apenas concluyó aquella maniobra, ante sus ojos apareció la pálida figurita de un pececillo que intentaba desasirse del anzuelo.

Mientras desprendía el animal y con ademán rápido lo lanzaba sobre la hierba, una sonrisa iluminó el rostro ancho y oscuro de Amir dejando al descubierto dos filas de dientes blancos, fuertes y grandes. Durante un momento tan sólo, Amir contempló cómo su captura se agitaba boqueando y enseguida, volvió a repetir la maniobra para cebar el anzuelo.

Cuando el sol ya se había convertido en un disco destelleante que trepaba alegre por el azulado firmamento, Amir había conseguido otros seis peces que reposaban amontonados a la sombra del árbol. Al observarlos, una punzada de pesar atravesó el corazón del muchacho. Acababa de cumplir catorce años y ya había llegado la hora de la ceremonia de iniciación que en el seno de su pueblo, los nuer[1], recibe el nombre de *gar*. Cuando se llevara a cabo Amir

1 Nuer: tribu africana que se encuentra localizada principalmente en el sur del Sudán entre Bahr el Ghazal y el Sobat

recibiría, entre otros objetos de valor, una lanza de pesca. Precisamente por ello, se suponía que ya debía contar con algún dominio de ese instrumento pero la triste realidad era que Amir seguía atado a las faenas realizadas con hilo y anzuelo. En otras palabras, pronto sería un hombre y, sin embargo, distaba mucho de saber pescar como tal. Sacudió la cabeza con un leve gesto de melancolía e intentó consolarse diciéndose que, a fin de cuentas, la presa no había estado nada mal.

Clavó otra vez la mirada en las ondulaciones suaves del apacible riachuelo a la espera de conseguir nuevas capturas. Al tiempo que se entretenía viendo las caprichosas formas de los guijarros que dormían bajo la corriente u observando la manera en que el agua jugueteaba con los recodos del cauce, su mente comenzó a divagar deteniéndose plácida y morosamente en todos los regatos[2] agradables de su existencia.

Fue así como por su corazón discurrió una procesión de imágenes gratas relacionadas con los momentos intensos en que acompañaba a su padre guiando ganado y aprendiendo cómo conseguir el sustento cotidiano; los divertidos correteos al lado de sus amigos para descubrir las figuras de las mujeres que bajaban a lavar al río; el rostro de Amina, la muchacha más bella de la aldea, a la que ya había entregado su corazón aunque ella ni siquiera lo sospechara; el descubrimiento de los primeros indicios de que su cuerpo iba dejando de ser el de un niño para convertirse en el de un hombre... Sí, a no mucho tardar, al final de la estación de las lluvias, pasaría las pruebas que llevarían a toda la tribu a considerarle un varón adulto más. Cuando

2 Regatos: Arroyo pequeño. Remanso poco profundo.

eso sucediera, podría pensar en tener una familia propia, una tierra propia y, sobre todo, en construir una casa propia, la prueba indiscutible de que sería un hombre hecho y derecho como ya sucedía con su hermano Yamil, aquel mozo vigoroso y espabilado que despertaba la admiración de los habitantes de la aldea y estimulaba las miradas de las jóvenes casaderas.

En Amir rebosaba esa admiración que, ocasionalmente, los hermanos pequeños sienten por los mayores que son más fuertes o inteligentes pero que no por ello caen en el engreimiento o la soberbia. Le parecía que ser el hermano de Yamil le protegía y otorgaba unos privilegios que no eran comunes en otros muchachos de su edad ahora, al recordarle, pensó que la hora del almuerzo estaba cerca y que podrían compartir los peces que había arrancado a la corriente y asarlos sobre unas brasas.

Mientras un cosquilleo agradable invadía todo su ser, Amir arrancó un junco verde y flexible de la orilla y atravesó con él las débiles branquias de sus capturas. Cuando hubo concluido la operación, juntó con habilidad los extremos de la planta y los unió rápidamente en un nudo. De esta manera, el tallo flexionado quedó convertido en un aro que le permitía transportar la pesca.

Se sentía tan satisfecho por la feliz perspectiva que le esperaba que, casi inmediatamente, comenzó a dar saltitos alegres y ligeros sobre el camino de arena amarilla que llevaba del río hasta la aldea. Agitaba en el aire el verde aro repleto de brillantes peces en un gesto de infantil alegría cuando sobre el lugar en el que se asentaba el poblado descubrió algo que no había esperado y que le llenó de una extraña y agobiante inquietud. Por encima de las copas de los árboles, se alzaba, sucia y deshilachada, una veintena de columnas de humo negruzco.

2

Un sentimiento de alarma, primario y angustioso, imprimió a las piernas de Amir una velocidad muy superior a la que nadie habría sospechado. En realidad, cualquiera que hubiera visto correr al muchacho habría pensado que lo hacía con todo el cuerpo. Su cabeza, sus brazos, sus manos, incluso su tronco parecían empujados por una fuerza motriz que, semejante a un viento impetuoso, lo catapultaba hacia el poblado. Para poder cubrir la distancia con más celeridad, Amir incluso lanzó contra el suelo el aro flexible formado por el junco.

No tardaron sus sentidos en percibir un olor acre a quemado, unos gritos apagados que se asemejaban más a gemidos que a alaridos y un extraño crepitar que no lograba identificar con ningún ruido que sus oídos hubieran percibido antes. Sobrepasó en su carrera el enorme árbol de copa ancha y tronco extrañamente liso y redondo, lo que sirvió para indicarle que apenas mediaban unos pasos antes de llegar a la aldea. Luego, la vegetación concluyó de manera casi total y una explanada redonda y poblada se extendió ante sus ojos. En circunstancias normales, Amir habría contemplado a las mujeres golpeando el grano con el que cocerían el pan; a los niños correteando por en medio de las terrosas cabañas para jugar al escondite o a los cazadores y la presa; y a los hombres disponiéndose a realizar tareas de acondicionamiento de las viviendas o trayendo de regreso alguna pieza de ganado que hubieran decidido sacrificar. Sin embargo, el panorama que descubrieron sus dilatadas pupilas resultó totalmente distinto de lo habitual.

Igual que si un manto de silencio se hubiera posado sobre la aldea, Amir contempló cómo rojizas lenguas de fuego devoraban las pajizas cabañas convirtiéndolas en esqueletos a punto de colapsarse. Debían de llevar ardiendo un buen rato porque en la mayor parte de los casos las llamas ya habían devorado casi por completo los modestos edificios reduciéndolos a un conjunto de pavesas[1] mal pegadas a palos renegridos. De hecho, las columnas de humo que Amir había contemplado unos minutos atrás habían descendido hasta formar unos nubarrones débiles y espesos en torno a las estructuras que muy poco antes eran viviendas.

No obstante, lo peor no era la desolación que, como un castigo caído desde el cielo, había descendido sobre los habitáculos de los conocidos de Amir. Lo que realmente sobrecogió al agotado muchacho fue la sucesión de cuerpos inmóviles que tachonaba de muerte las calles irregulares de la aldea. Por unos instantes, Amir quedó sumido en un silencio letal a la vez que boqueaba un aire que no lograba empujar hasta sus agitados pulmones tal y como habría deseado.

Ni en sus peores pesadillas hubiera podido imaginar el muchacho que contemplaría lo que encontró al adentrarse por la que hasta entonces había sido

---

1 Pavesas: Partecilla ligera que salta de una materia inflamada y acaba por convertirse en ceniza.

una aldea plácida y confiada. De la misma forma que si se desplazara por en medio de una visión infernal, Amir se abrió paso a través de cuerpos caídos e inmóviles que presentaban las posturas más absurdas y que, en todos los casos, mostraban una o dos heridas. Él no podía saberlo pero todos sus paisanos habían sido abatidos con tiros certeros disparados con armas fabricadas a miles de kilómetros de distancia, en una tierra que, de haberlo podido visitar, le habría parecido aterradora, fría e inhóspita.

Aquella contemplación de la muerte le ocasionó un estupor que lo paralizó por unos segundos. Después, como si se tratara de un volcán que hiciera erupción en su interior, Amir se percató de que su familia —toda su familia— estaba en la aldea cuando se había producido aquel terrible desastre de origen inexplicado. Captar esa circunstancia y lanzarse a una búsqueda desesperada de sus parientes fue todo uno.

Mientras las lágrimas comenzaban a caerle con violencia por las mejillas y gritaba el nombre de sus padres y de su hermano, Amir fue entrando en cada una de las cabañas. En su interior, descubrió los cuerpos acribillados, en ocasiones meramente golpeados en el cráneo hasta que éste había reventado, de los ancianos y de los recién nacidos del poblado. En las callejuelas, por el contrario, los muertos eran hombres hechos y derechos, padres de familia, recién casados. Sin ser plenamente consciente de lo que estaba viendo, Amir comenzó a captar que entre los asesinados no se encontraban ni las mujeres ni los niños y quizá se habría detenido a meditar sobre el significado de aquella excepción extraña de no ser porque en una esquina de la cabaña que se utilizaba como iglesia descubrió un bulto que le pareció familiar. Aunque se encontraba exhausto y el aire infectado de humo sucio y ardiente le impedía respirar con normalidad, Amir sacó fuerzas de flaqueza y corrió hacia aquel punto que acababa de distinguir. Apenas se encontraba a una decena de pasos, cuando no tuvo ninguna duda sobre la identidad del cadáver.

Se desplomó al lado del cuerpo y, al abrazarlo, el ánimo del muchacho se quebró en sollozos. Amir permaneció pegado junto a aquel cuerpo que le había engendrado años atrás y le había nutrido hasta el día anterior. Cuando concluyó el llanto, de puro agotamiento, el muchacho habría deseado levantarse y continuar su búsqueda. Sin embargo, una parte de su ser le instaba a permanecer al lado de aquel cadáver siquiera para evitar el riesgo de encontrar los cuerpos de su madre, de su hermano Yamil y de Amina, la muchacha que le había robado el corazón. Tardó en dominar aquella parte de su ser que temía descubrir una verdad aún más horrible que la que le había salido al encuentro pero, al fin y a la postre, logró ponerse en pie y continuar, con paso trastabillante, su búsqueda.

Por tres veces recorrió las humeantes ruinas de lo que poco antes había sido una población próspera e incluso realizó un par de incursiones por los alrededores de la aldea. Al concluir aquella tarea ingrata, no le cupo la menor duda de que, con la terrible excepción de su padre, ni uno solo de sus seres más queridos se hallaba entre los cadáveres. Lo mismo podía decirse de las mujeres, salvo las muy ancianas, y de los niños, a excepción de los recién nacidos. Por el contrario, prácticamente todos los hombres adultos yacían muertos.

Se le escapaba a Amir qué podía significar todo aquello y, mientras intentaba sobreponerse a la confusión que lo atenazaba, sintió las primeras punzadas de hambre arañándole despiadadamente las paredes del estómago. La búsqueda de algo que llevarse a la boca permitió que Amir realizara el segundo descubrimiento relacionado con aquella tragedia de la que era testigo privilegiado. No se trataba sólo de que los hombres, los bebés y los ancianos habían sido arrancados violentamente del mundo de los vivos; ni de que las viviendas habían sido incendidadas sin excepción. Además cualquier alimento o bebida había desaparecido. Ciertamente, una parte había sido pasto de las llamas pero otra, quizá la más importante, se había evaporado como si se la hubiera tragado la tierra. Desolado, Amir regresó al lado del cadáver de su padre.

No tardó en sentir que el miedo descendía seco y despiadado sobre él. Se trataba de un temor primario a la soledad, a la llegada de la noche, a la muerte por inanición. Entonces, con la fuerza implacable del ser que no desea extinguirse por muchas desgracias que se abatan sobre él, Amir recordó que aquella misma mañana que había amanecido teñida con los colores de la felicidad había capturado algunos pececillos. Si ahora los recuperaba podría saciar su hambre y así asegurarse un día más de vida, un día en el que podría pensar en la mejor manera de encontrar a Yamil, a su madre y a Amina. Se puso en pie, por lo tanto, y emprendió el camino hacia el río con la esperanza de que antes de alcanzarlo encontraría el aro de junco que sujetaba los peces.

Así, dejó atrás de sí los restos de la castigada aldea y caminó con paso seguro pero lento a la búsqueda de comida. No fue demasiado lejos. Apenas acababa de dar una veintena de pasos cuando sintió cómo su tobillo izquierdo se enganchaba con algo. Al caer, su cabeza recibió un golpe terrible. Y sobre él descendió la oscuridad más absoluta.

3

Si su rostro no hubiera estado totalmente cubierto por un inmenso turbante de un blanco cegador que tan sólo dejaba un espacio libre a los ojos, habría resultado fácil ver la enorme sonrisa de satisfacción que se columpiaba casi jocosa de los labios de Muhammad. A decir verdad, no le faltaban al árabe motivos más que suficientes para sentirse satisfecho. En tan sólo tres cuartos de hora, se había apoderado de una fortuna de la que le correspondía la mayor parte.

Cómodamente sentado en la silla repujada de su caballo, giró sobre su cintura y contempló la columna polvorienta que, bajo el sol primaveral, le seguía flanqueada por media docena de jinetes. Se trataba de una fila formada por una cincuentena de negros que, en su mayoría, eran mujeres y niños. La excepción la constituían algunos muchachos a los que se empleaba como porteadores provisionales hasta que concluyera el viaje hacia el norte. Atados entre sí por una cuerda que se ceñía, generalmente, a su cintura, los desdichados que seguían a Muhammad eran esclavos en ese momento. Sin embargo, tan sólo una hora antes habían sido los habitantes despreocupados y felices del poblado de Amir.

Su captura había resultado extraordinariamente sencilla. Dos de los hombres de Muhammad, árabes y musulmanes como él pero pertenecientes a la tribu de los baqqara[1], se habían apostado en uno de los extremos de la aldea, precisamente el que presentaba más posibilidades para la fuga, y, convenientemente cubiertos por los matorrales, habían disparado sobre algunos de los varones que se hallaban dentro del radio de alcance de sus armas.

Los baqqara iban armados con Kalashnikov que la antigua Unión soviética había vendido profusamente al gobierno de Jartum[2] y aquellas ametralladoras especialmente diseñadas para combates en descampado segaron media docena de vidas en apenas unos instantes. Sólo cuando algunas horrorizadas mujeres llenaron el aire de alaridos a la vista de los muertos, los baqqara aprovecharon la dolorosa confusión para acercarse y prender fuego a las primeras cabañas. De esta manera, en dos o tres minutos, los habitantes de la aldea se precipitaron en la dirección opuesta al lugar donde crepitaban las llamas huyendo de un peligro cuya naturaleza, realmente, desconocían.

Creían así estar en camino de salvar la vida pero, en realidad, tan sólo se dirigían hacia el lugar donde Muhammad había apostado a sus otros cuatro hombres. Ocultos tras pequeños agolpamientos de tierra que ni siquiera merecían el nombre de túmulos, les bastó con disparar un par de ráfagas para que el miedo se transformara en pánico desatado.

---

1 Baqqara: Pueblo beduino nómada que vive en África en la zona que va del lago Chad y el Nilo, en algunos estados del Sudán.

2 Jartum: Capital del estado del Sudán y del país con igual nombre. Se localiza donde se unen río llamado Nilo Blanco con el Nilo Azul formando el río Nilo. En árabe el nombre de la ciudad significa trompa de elefante.

En situaciones como ésas, Muhammad sabía por experiencia que las propias víctimas facilitaban enormemente el trabajo. Deseosos de proteger a sus familias, los hombres ordenaban a las mujeres, a los ancianos y a los niños que se retiraran hacia el centro de la aldea como una manera de salvaguardarlos de los peligros de la lucha. Sin embargo, al actuar así, lo único que conseguían era preservar las presas codiciadas por los cazadores de esclavos a la vez que ellos se exponían a su fuego sin la menor protección. Enseguida, los cuchillos, las lanzas y las hachas se revelaban impotentes frente a un diluvio de balas disparado desde lugares que ni siquiera llegaban a descubrir.

Una vez que todos los varones quedaron reducidos a una simple suma de cadáveres que marcaban macabramente los lugares en los que habían intentado presentar resistencia, primero, y retirarse, después, los hombres de Muhammad se arriesgaban a abandonar sus escondrijos. Entonces, sin dejar de vigilar un instante, se encaminaban hacia el enclave donde, temblando de pavor, se hallaban las mujeres, los ancianos y los niños.

Lo que sucedía a continuación no resultaba menos cruelmente eficaz que lo acontecido hasta ese instante. Cualquier conato de resistencia era sofocado con una ráfaga de ametralladora o un rápido y diestro degollamiento realizado con los afilados cuchillos de los baqqara. Luego, mediante gestos y algún golpe aislado, los hombres de Muhammad dejaban de manifiesto que segarían la vida de cualquiera que osara resistirse; separaban a los amedrentados supervivientes en categorías; arrojaban unas cuerdas para que se ataran y, bajo la amenaza de sus armas, les instaban a emprender la marcha.

Los últimos pasos eran los más sencillos. Los bebés y los ancianos eran ametrallados inmediatamente apenas la columna de esclavos comenzaba a abandonar el poblado. Acto seguido se recorrían las casuchas para eliminar a cualquier evadido. Finalmente, se saqueaba el alimento que pudiera aprovecharse y se prendía fuego a todo lo que no se podía acarrear.

Muhammad echó un vistazo a su reloj cuando el grupo se encontró a un centenar de metros del poblado. No creía en la necesidad de utilizar aquel pequeño adminículo inventado por los europeos pero había descubierto que resultaba ideal para calcular el tiempo que necesitaba para llevar a cabo sus operaciones de cacería. En aquel caso concreto, apenas se había extendido a lo largo de once minutos. No era mucho para hacerse con medio centenar de esclavos.

Sin duda, aquel episodio —cotidiano no sólo en Sudán sino en buen número de países del África subsahariana— habría sido contemplado con auténtico horror por millones de personas. Sin embargo, para Muhammad no pasaba de ser una operación comercial totalmente legítima.

Tan sólo unos años antes, Muhammad era un pobre licenciado de Jartum sin la menor posibilidad de abrirse camino en un mundo de corrupción controlado por una dictadura militar e islámica. Arrastrado al borde de la desesperación, Muhammad podría haberse integrado en algún grupo extremista que deseara dinamitar un sistema que no le era grato. Sin embargo, su destino resultó muy distinto.

Una noche, cuando se dirigía presa de la más profunda melancolía al tugurio donde pasaba la noche —y donde, dicho sea de paso, debía más de tres semanas de alquiler— se había cruzado con Sulaiman, uno de sus antiguos compañeros de la universidad. A diferencia de Muhammad, Sulaiman vestía un traje claro de corte occidental y planchado impecable. Pareció alegrarse de encontrarse con su antiguo condiscípulo y tras los saludos de ritual le ofreció compartir la cena con él. De buena gana, hubiera rechazado Muhammad la invitación pero el hambre que lo atormentaba desde hacía muchos días le impulsó a agradecer el gesto generoso de su amigo. Mientras compartían pilas interminables de arroz, cantidades enormes de cordero asado y un *ful*[3] tan exquisito como abundante, Sulaiman se había interesado por la suerte de Muhammad.

—No puedo mentirte, *ahi*[4]—respondió apesadumbrado el muchacho—. Este mundo es duro, muy duro, incluso para los que creemos en Allah.

Sulaiman asintió con un gesto de comprensión al escuchar aquellas palabras desalentadas.

—Comprendo, *ahi* —le dijo—. Comprendo perfectamente. No es fácil ganarse el pan en Jartum y el resto del país... Desde hace años, se combate en el sur contra los *kafirin*[5]... y, sinceramente, nadie le ve el final a esa guerra.

—A ti Allah te ha bendecido, sin embargo... —le interrumpió Muhammad.

---

3 Ful: Platillo típico árabe. Preparado con habas o judías (frejoles).

4 Ahí: Hermano. Trato familiar en los países árabes incluso entre gente que no está unida por lazos de sangre.

5 Karifin: Los paganos. Aquellos que no pertenecen a ninguna de las fes monoteístas.

—Sí, *ahí*, así es —respondió Sulaiman con una sonrisa—. He descubierto un negocio que puede convertirme en rico en poco tiempo.

Aquellas últimas palabras provocaron un sentimiento de incredulidad en Muhammad. ¿En qué podía ocuparse su amigo que tuviera la virtud de hacerle rico? ¡Sin duda, tenía que tratarse de algo ilegal! Por un instante, se sintió tentado de preguntarle pero, al final, la buena educación fue más fuerte que su curiosidad y optó por guardar silencio.

—Te estás preguntando lo que hago, ¿verdad? —preguntó Sulaiman como si hubiera adivinado sus pensamientos.

—No, no... —negó Muhammad que comenzaba a sentirse molesto por la seguridad que demostraba su interlocutor.

—Tranquilízate —dijo sonriendo—. No se trata de nada que esté fuera de la ley. No comercio con drogas, ni con objetos robados, ni siquiera con mujeres. Mi negocio son los esclavos.

Las últimas palabras dejaron a Muhammad sumido en una profunda sorpresa. ¿Hablaba realmente en serio su amigo? No eran muchos sus años pero no tenía noticia de que todavía existiera la esclavitud. En realidad, lo que había aprendido es que la institución había desaparecido del Sudán a finales del siglo XIX gracias a los esfuerzos del británico Charles Gordon. Cierto era que cuando la nación había accedido a la independencia a mediados de los años cincuenta la estatua de Gordon montado en un camello había sido retirada de Jartum pero los resultados históricos de su labor habían persistido.

—¿Acaso existen esclavos en la actualidad? —se atrevió a preguntar.

Sulaimán lanzó al aire una carcajada divertida que molestó profundamente a Muhammad.

—Para beneficio tuyo descubrirás que sí.

4

Durante la hora siguiente, mientras saboreaban un café negro, fuerte y caliente, Sulaiman explicó a Muhammad la manera en que había entrado en el tráfico de esclavos y cómo éste se desarrollaba de manera creciente en el sur del país, precisamente en la zona aquejada por la guerra civil desde 1983.

—Ya... —dijo abrumado por lo que había escuchado Muhammad —pero y el gobierno... quiero decir... ¿nuestro gobierno no hace nada para impedir la existencia de la esclavitud?

Una nueva carcajada coreó las palabras de Muhammad.

—Lo que voy a decirte es un secreto —dijo Sulaiman bajando el tono de voz y acercándose al oído de Muhammad —nuestro gobierno está especialmente interesado en ese negocio.

Las cejas de Muhammad formaron dos arcos paralelos al escuchar aquellas palabras.

—Todo se relaciona con el petróleo... —susurró Sulaiman mientras bajaba aún más la voz.

—¿El...? —comenzó a preguntar Muhammad pero un gesto de su amigo segó instantáneamente las palabras que iban a salir de su boca.

—Hace ya años que se descubrieron yacimientos en el sur —dijo Sulaiman en un tono apenas audible—. Nuestro gobierno está interesado en explotarlo e incluso cuenta con la ayuda de una potencia amiga. Desgraciadamente, esos territorios se encuentran ahora poblados por los nuer y los dynkas[1]. Ni los unos ni los otros son creyentes en la verdadera fe. Aún más. En los últimos años no han dejado de oponerse al gobierno de Jartum e incluso algunos hablan de independencia... Eliminar a algunos centenares de miles convirtiéndolos en esclavos no es un delito. ¡Es un servicio a la patria!

Muhammad tragó saliva mientras intentaba comprender los datos que le había proporcionado Sulaiman y que se agolpaban ahora en su mente creándole más confusión que impartiéndole claridad. Sin embargo, su amigo no parecía dispuesto a concederle una tregua para reflexionar y continuó hablando.

—Nuestro país —dijo al final concluyendo su discurso informativo— es el más extenso de África. Al norte limitamos con Egipto, a oriente con el mar Rojo, Eritrea y Etiopía; al sur con Kenya, Uganda y Zaire y a occidente con la República centroafricana, Chad y Libia. Hacia todas esas naciones podemos dirigir los esclavos que capturamos en el sur entre los *nashranin*[2] y *kafirin* que se oponen a someterse a la ley islámica y que obstaculizan el engrandecimiento de nuestra nación.

Por unos instantes, Muhammad se mantuvo en silencio reflexionando sobre lo que acababa de escuchar. Sí. Todo parecía tener un sentido coherente y

---

1 Dynkas: También llamado Jieng, personas que viven en el país de la sabana que rodea los pantanos centrales de la cuenca del Nilo, principalmente en el sur de Sudán. Hablan una lengua nilótica clasificada dentro de la rama Sudanic oriental de las lenguas nilo- saharianas y están estrechamente relacionados con los nuer .

2 Nashranin. Literalmente, nazarenos. Los cristianos.

sólido como el que poseen aquellas cosas que desconocemos y que, una vez que nos han sido explicadas, nos extraña que no hayan formado antes una parte más importante de nuestra vida.

—Todo eso se encuentra ahora al alcance de tu mano —dijo inesperadamente Sulaiman, lo que arrancó a su amigo del silencio en que se había sumido.

—Pero... pero... —balbució Muhammad—. Yo... yo no poseo medios para llegar al sur... tampoco conozco a nadie...

Sulaiman agitó las palmas de las manos como si deseara espantar las objeciones de su conocido igual que si se tratara de insectos.

—Es mucho más fácil de lo que puedas pensar.

5

Cuando, al día siguiente, Muhammad despertó en su mísero alojamiento no sabía a ciencia cierta si todo lo acontecido la noche anterior había sido realidad o se había reducido a un sueño. Se frotaba la aturdida cabeza intentando distinguir lo verdadero de lo imaginario cuando escuchó unos golpes propinados con especial virulencia en la puerta. Con gesto cansino se levantó del arrugado y no muy limpio lecho y se acercó a la entrada de la minúscula habitación aunque procurando que no se oyeran sus pisadas.

—Sé que está ahí, *sayyidi*[1] —escuchó que decía Zainab, la dueña de la casa. —Le espera un tal Sulaiman.

Antes de percatarse de si la habían escuchado o no, la opulenta mujer dio media vuelta y se encaminó hacia el minúsculo vestíbulo donde esperaba el recién llegado.

Muhammad quedó sumido en la duda tras escuchar aquellas palabras. Si su patrona no hubiera pronunciado ningún nombre hubiera preferido permanecer en la habitación a resguardo de las maldiciones que le lanzaría con la intención de que le

1 Sayyidi: Mi señor

pagara los atrasos acumulados en el alquiler. Sin embargo, había mencionado a Sulaiman...

Arrastrando cansinamente los pies, Muhammad se acercó a una de las esquinas de la estancia donde, al lado de una palangana desportillada, reposaba en el suelo una jarra con agua. Vertió algo del líquido en el desgastado recipiente y se lavó con desgana, más por despejarse que por limpiarse, las manos y la cara. Apenas unos instantes después atravesaba el oscuro y mal iluminado pasillo en dirección al recibidor.

Sonriente, perfumado y fresco como si hubiera dormido doce horas seguidas, Sulaiman departía amigablemente con la patrona. De hecho, los gestos exagerados con que los dos acompañaban sus palabras eran tan divertidos e incluso entrañables que cualquiera que hubiera contemplado la escena habría llegado a la conclusión de que su amistad se remontaba a un tiempo ya lejano.

—En esa cantidad va el pago de los atrasos y un mes de alquiler más que mi amigo pasará fuera de Jartum —escuchó Muhammad que decía Sulaiman a la mujer.

La patrona se inclinó servilmente al escuchar aquellas inesperadas y bienvenidas palabras a la vez que se guardaba rápidamente el dinero que acababa de darle el recién llegado. Había perdido toda esperanza de percibir las rentas adeudadas y —¡*Allahu akbar*[2]!— se le entregaban incluso anticipos.

—Ahora, *sayidati*[3] —dijo Sulaiman— debes perdonarnos. Mi amigo Muhammad y yo tenemos que salir.

---

2 Allahu akbar Dios es el más grande.

3 Sayidati: Mi señora.

La mujer, por supuesto, dispensó a Sulaiman de cualquier obligación derivada de la urbanidad que pudiera tener para con ella y se precipitó hacia la mugrienta puerta que daba a la calle para abrírsela. Tras cruzar un estrecho corredor que desembocaba en un patio vecinal, sucio y bullicioso, los dos amigos se encontraron en una angosta callejuela de Jartum.

Muhammad hubiera deseado que le explicara Sulaiman lo que estaba sucediendo pero no tuvo oportunidad. Con un empujón ágil, su amigo lo metió en un taxi, urgentemente necesitado de un lavado a fondo, que esperaba al lado del portal rodeado de una nube de chiquillos. Así se vio transportado al otro extremo de la ciudad.

Circular por Jartum no constituye un pasatiempo que pueda ser calificado de grato. Las calles se encuentran atestadas de vendedores chillones que detienen sin consideración a los transeúntes, de mujeres obesas que vociferan regateando y de niños y ancianos que mendigan con mayor o menor agresividad. Sin embargo, lo peor es que esas vías atascadas nunca fueron diseñadas para servir al tráfico rodado sino al pausado transcurso de los pies humanos y de los cascos y pezuñas de los animales. Siendo así, no resulta extraño que un trayecto que apenas debería haber durado un cuarto de hora se prolongara durante casi cincuenta minutos y eso a pesar de que el taxista no dejaba de escupir horribles insultos sobre los que obstaculizaban el paso de su destartalado vehículo. Finalmente, el automóvil se detuvo ante una casa rodeada por un muro inmaculadamente blanco del que se desprendía una fragancia difícil de identificar.

Mientras Muhammad contemplaba sorprendido aquella pared impoluta y, muy especialmente, la cancela de hierro negro y forjado que la convertía en inexpugnable, Sulaiman se acercó a la puerta y susurró unas palabras a un sujeto que desempeñaba a la vez las funciones de portero y guardián. Éste no tardó más de unos instantes en introducir una llave de considerable tamaño en la cerradura y, tras girarla, franquearles la entrada.

Una vez pasada la cancela, lo que se ofreció ante los ojos de Muhammad no fue un patio sucio de vecindad como los que había visto docenas de veces en Jartum y sobre el que se inclinaban, a semejanza de palomares, los cubículos atestados donde dormía la gente. Lo que vio fue un bien trazado camino de grava blanca que, flanqueado por dos hileras de piedras rojizas y delicadamente dispuestas, conducía hasta una casa bella, grande y espaciosa.

Comenzó a surcar aquel sendero primoroso siguiendo los pasos de Sulaiman y, al hacerlo, no pudo evitar que sus ojos se desviaran hacia ambos lados, atraídos por la visión de los macizos de flores lozanas y fragantes y de árboles extraordinariamente bien cultivados que también desprendían aromas tan gratos como los del limón o el azahar. Así, envuelto en un universo de dulces sensaciones que nunca antes había experimentado en tan generosa profusión llegó hasta las inmediaciones del edificio. Sólo se hallaba a media docena de pasos del cuidado porche, cuando reparó en una figura que, sentada sobre unos cojines rojos, dirigía hacia él sus diminutos ojillos y le invitaba a sentarse.

Salvó la escasa distancia que los separaba y mientras tomaba asiento, Muhammad se preguntó por la edad que podría tener su anfitrión. A decir verdad, habría sido imposible saberlo con un mínimo de exactitud. De piel más renegrida que oscura y más correosa que arrugada, hubiérase dicho que estaba a punto de alcanzar un estado similar al derivado de la momificación que, milenios antes, se había practicado también en aquella tierra.

—*Ajlán ua sajlán*[4]. Sulaiman me ha hablado de ti —dijo el extraño sujeto a la vez que abría una cajita de palo de rosa artísticamente labrada a mano y les ofrecía unos aromáticos cigarrillos turcos.

La conversación apenas se extendió a lo largo de veinte minutos pero en ella quedó decidido el futuro de Muhammad. El hombre le informó de que, abrumado por el carácter levantisco de los negros del sur del país, el gobierno había constituido unas milicias independientes que se enfrentaban, heroica y patrióticamente, con ellos. Tales cuerpos militares no percibían ninguna cantidad del Estado —eran muchas las bocas a las que ya daba de comer tan generosa institución— pero estaban autorizados a alimentarse con el botín de guerra del que pudieran apoderarse en el curso de su labor ya fuera grano, combustible... o negros.

Aquella palabra colocó a Muhammad nuevamente en el tema de la conversación porque entre la belleza del lugar al que le había conducido su amigo Sulaiman y las referencias ampulosas a la lucha nacional se había perdido totalmente y había comenzado a preguntarse las razones de su visita. El término «negros» le mostró, definitivamente, que pisaba la senda que le interesaba y que detrás de todas aquellas frases nacionalistas no había más que una

---

4 Ajlán ua sajlán. Bienvenido

invitación a participar en cacerías humanas que alimentaran el tráfico de esclavos. El problema, tal y como él lo veía, era cómo organizar una de aquellas milicias sin un solo céntimo.

Como si hubiera adivinado sus pensamientos, el reseco anciano —suponiendo que de un viejo se tratara efectivamente— le indicó que estaba más que dispuesto a prestarle el dinero para formar una milicia de patriotas o, lo que era lo mismo, organizar una expedición destinada a capturar esclavos en el sur del país. Dado que conocía a Sulaiman, el interés sería tan sólo del treinta y siete por ciento, un gesto de indudable deferencia que el mencionado amigo recalcó a la vez que propinaba a Muhammad un suave codazo de satisfacción.

Una vez que el prestamista dejó solventada la cuestión del dinero, el resto de la planificación resultó extremadamente sencillo. La Unión soviética había estado vendiendo armas al Sudán durante décadas de manera que era extremadamente fácil encontrar en el mercado negro granadas, minas antipersonales y armamento ligero. Si Muhammad hubiera deseado incluso una avioneta, un carro de combate o un helicóptero podría haberse hecho con ellos unicamente condición de depositar sobre la mesa la cantidad exigida. Sin embargo, el joven no precisaba armamentos tan sofisticados. En realidad, le bastaba con asegurarse unos Kalashnikov y su carga de munición. El traficante de armas —otro contacto de Sulaiman— quedó tan satisfecho con el pago que también le brindó algunas granadas a precio de liquidación, un ofrecimiento que su amigo le instó a aceptar.

Quedaba por asegurarse ahora el reclutamiento. Muhammad pensó en la posibilidad de enrolar antiguos amigos pero Sulaiman le disuadió de semejante idea. Quizá si los negocios iban bien en el futuro podría incorporar a alguno en calidad de lugarteniente pero los soldados de la milicia nacionalista tenían que ser árabes y entre ellos los más adecuados eran los baqqara.

Con anterioridad, Muhammad había escuchado hablar alguna vez de aquella tribu pero ahora Sulaiman le dio un curso completo sobre ella. Los baqqara eran ganaderos y nómadas y se encontraban entre los grupos árabes más pobres del norte. Quizá esa circunstancia explicaba que desde inicios del siglo XIX se hubieran dedicado al tráfico de esclavos y que, a pesar de las prohibiciones impuestas por los británicos, hubieran perseverado en esa ocupación con una audacia y un valor dignos de mejores causas. Hasta la década de los años veinte del siguiente siglo, cualquiera que deseara esclavos sabía que podía contar con los baqqara y a partir de los años ochenta aquellas cacerías de seres humanos se habían convertido en uno de sus recursos económicos fundamentales. Entre ellos encontraría gente entrenada, curtida y más que dispuesta a desempeñar su labor con un celo envidiable. Por supuesto, Muhammad no sintió la menor tentación de cuestionar tan valiosas informaciones y así, acompañado de Sulaiman, emprendió su primera expedición de cacería en el sur del país.

Nunca había visitado esa región del Sudán, nunca había visto a ninguno de sus habitantes, nunca se había interesado por sus costumbres o leyes. Eran extraños y rebeldes a los que parecía legítimo esclavizar para obtener un beneficio personal y, seguramente porque le guiaba ese pensamiento, la cacería, que tuvo lugar como era de rigor en la primavera, constituyó un verdadero éxito. Al cabo de mes y medio, vendía sus esclavos por una media de treinta mil libras sudanesas —unos treinta euros— por cabeza; abonaba sus salarios a los hombres que le habían ayudado en la captura; regresaba a Jartum para devolver el préstamo con los intereses y se repartía una bonita suma con Sulaiman. Había realizado entonces algunos cálculos y había llegado a la conclusión de que con una veintena de expediciones sería lo suficientemente acaudalado como para dejar aquella ocupación y buscar otra que, aunque resultara menos lucrativa podría tener una apariencia más respetable.

—Y eso que el precio de los negros ha bajado mucho... —le dijo Sulaiman mientras contaba los fajos de billetes.

—¿Se podía conseguir más dinero antes? —preguntó sorprendido Muhammad.

—En 1989, por un dinka te daban noventa mil libras —respondió con voz pesarosa Sulaiman.

—Tres veces más... —comentó apesadumbrado Muhammad.

—Sí, tres veces más —remachó Sulaiman—. Claro que también hemos tenido tiempos peores. Hace un par de años, hubo tanta gente dedicándose a esto que por un negro llegaron a darte sólo quince mil libras. Una verdadera miseria. Ahora la cosa se ha puesto algo mejor. Allah quiera que así continue.

—Allah lo quiera —corroboró Muhammad.

Y, efectivamente, la situación no había empeorado. Incluso en los últimos meses se había notado una cierta tendencia a una subida del precio de los esclavos. De hecho, ahora se encontraba llevando a cabo la cuarta incursión y difícilmente se hubiera podido sentir más satisfecho mientras sus ojos se iban posando sobre los cuerpos negros y polvorientos de los cautivos. Al cabo de unos días aquella masa sudorosa y maloliente se habría convertido en codiciadas libras sudanesas. No era mala transformación si se consideraba el estado lastimoso al que se habían visto reducidos todos aquellos esclavos, unos esclavos entre los que se hallaban, amedrentados y temblorosos, una joven llamada Amina que a duras penas contenía las lágrimas, y un muchacho de nombre Yamil que apretaba la mano de su madre intentando infundirle ánimos.

6

La fila de encolerizados pasajeros se encaminó lanzando protestas acaloradas hacia la ansiada puerta de embarque. Como sucedía con más frecuencia de la deseada, el aeropuerto de Barajas había sido para ellos el escenario de una espera interminable. Procedentes de los más diversos lugares, las víctimas de la mala organización aeroportuaria comenzaron a penetrar en el avión cuyo vuelo debería conducirlos a Bruselas. Lo razonable —y lo contratado— hubiera sido embarcar dos horas antes pero al final las circunstancias se habían impuesto. Enfrentado con destinos como Nueva York, Londres, París o Frankfurt, Bruselas se vio dramáticamente relegado.

—Con tal de que ahora no nos hagan bajar... —mascullló a mitad de camino entre la desesperación y la ira uno de los pasajeros.

Apenas situado a unos centímetros detrás de él, un joven alto de cabellos castaños acogió el comentario con una reprimida sonrisa. A decir verdad, él tenía quizá más razones para sentirse molesto por aquella dilación pero la experiencia en aeropuertos internacionales le había curtido a la hora de soportar coyunturas de ese tipo.

Doce horas antes Sepp Heide, que era como se llamaba el viajero, dejaba que el sol del Mediterráneo tostara blandamente su piel y consumía una cerveza rubia y suave mientras escuchaba su lengua natal hablada por docenas de compatriotas también afincados en Mallorca. Hacía algunos años que había descubierto la isla y a los pocos meses de llevar a cabo tan trascendental hallazgo ya había realizado los planes pertinentes para abandonar su residencia en Munich y establecerse en aquel pedazo privilegiado del globo terráqueo.

Con el paso del tiempo tenía que reconocer que la elección había resultado magnífica. Ni siquiera había necesitado aprender más de media docena de frases en español. Como si desearan evitarle semejante molestia, otros alemanes se habían ocupado de establecerse en la isla como hosteleros, abogados, dentistas e incluso veterinarios. De esa manera, resultaba totalmente posible recorrer todo aquel territorio bendecido de manera especial por la naturaleza expresándose únicamente en alemán, comiendo en restaurantes cuya carta estaba únicamente en alemán y manteniendo conversaciones con millares de personas que únicamente conocían el alemán. Por otra parte, medios de comunicación como el fax, el correo electrónico o el teléfono móvil habían logrado encoger el planeta hasta el punto de situar a la vuelta de la esquina Hamburgo, Los Ángeles o Hong-Kong y Sepp supo aprovechar cada avance tecnológico con una facilidad que hubiera llevado a pensar que por sus venas no circulaba sangre sino fluido eléctrico y códigos informáticos. Era cierto que en algunas ocasiones —como ahora— se veía obligado a abandonar su adorado refugio por razones de trabajo pero se trataba de pequeños sacrificios que aceptaba como inevitables y que, en última instancia, le permitían continuar llevando la privilegiada existencia que disfrutaba.

Tras recibir la formal bienvenida de dos azafatas, Sepp se adentró en el avión y comenzó a buscar su asiento. Viajaba en primera clase y apenas necesitó unos instantes para dar con su número y acomodarse. Dejó en la butaca contigua —que, con un poco de suerte, quedaría vacía— el maletín de piel de serpiente que le acompañaba en todos sus viajes y se abrochó el cinturón de seguridad. Acababa de levantar la vista cuando sus ojos tropezaron casualmente con una mujer que estaba ocupando una de las plazas situadas al otro lado del pasillo. Su sedoso cabello negro y su rostro atezado llamaron inmediatamente la atención de Sepp. No obstante, con un ligero rictus de pesar, el alemán apartó la vista. Tenía como regla de comportamiento que nunca quebrantaba la de no consentir que el placer se inmiscuyera en sus viajes de trabajo. En otras circunstancias hubiera intentado entablar conversación con la atractiva viajera y forzar una cita en el destino hacia el que se dirigían; lamentablemente para ese tipo de planes, no se dirigía a Mallorca ni tampoco iba a quedarse en Bruselas. De hecho, la capital de Bélgica sólo sería un paso previo para tomar un vuelo que le conduciría hasta Lagos como escala previa antes de alcanzar Lomé, la capital de Togo.

Claro que, bien mirado, no viajaba a la ciudad africana por ningún motivo desagradable. El e-mail que había recibido tan sólo veinticuatro horas antes resultaba bastante explícito. «Trescientos brotes, quizá quinientos. La cosecha de flores será excelente». A una persona no iniciada en las claves manejadas por los traficantes de esclavos le habría dado la sensación de que el escueto mensaje se refería a un negocio relacionado con alguna explotación floral. En realidad mencionaba el contenido de un cargamento de esclavos. «Trescientos, quizá quinientos» era el número de los posibles capturados. La expresión «brotes» indicaba, por añadidura, que eran niños, y no adultos, las víctimas de aquel grupo concreto.

Aunque la mayoría de los europeos y norteamericanos habrían tenido serios problemas para ubicar Togo en un mapamundi, para Sepp Heide se había convertido en los últimos años en una verdadera tierra de promisión. Mientras el avión realizaba las maniobras previas al despegue, el alemán extrajo un voluminoso fajo de apretados papeles de su maletín de piel de serpiente y comenzó a examinarlos con meticulosidad. El aparato estaba a punto de adoptar una posición semivertical cuando los dedos del alemán entresacaron un mapa cuyas imágenes estaban fijadas en blanco y negro. Los ojos de Sepp Heide recorrieron con serenidad los límites de Togo. Unas líneas negras de trazado algo más grueso de lo normal señalaban sus límites al norte con Burkina Faso, al este con Benín, al sur con el golfo de Guinea y al oeste con Ghana. De aspecto irregularmente cuadrangular, Togo, cuya superficie total era de 56.785 kilómetros cuadrados, parecía un pedazo de tierra empotrada en la parte occidental de África cuyo mayor deseo fuera encontrar un respiradero en el mar. Tras superar una serie de lagunas interiores, el país quedaba coronado por una extensa meseta ubicada al norte. Una cordillera de montañas achatadas que discurría desde el sureste hasta el noroeste y algunos ríos como el Oti o el Mono constituían la totalidad de los accidentes geográficos del país. A diferencia de lo que sucedía en otros territorios de África, surcar aquel constituía una tarea relativamente sencilla incluso teniendo en cuenta el pésimo estado de las comunicaciones, que empeoraba durante las estaciones lluviosas. Sí, a excepción de los pantanos de alguna zona costera y del bosque del suroeste, Togo podía ser cruzado con facilidad... llevando un cargamento de esclavos. Hasta hubiera podido afirmarse que estos sencillos hechos geográficos facilitaban que el material fuera en buena medida niños. No más de un veinte por ciento solía morir mientras se les trasladaba del punto de captura al de venta y había que reconocer que ése era un porcentaje de merma en la mercancía más que aceptable. Sepp reprimió un gesto de desagrado al pensar que en otras zonas del continente africano los muertos de un cargamento de esclavos niños podían llegar al treinta por ciento e incluso superarlo.

Mientras saboreaba el gin-tonic que acababa de servirle una amable azafata, Heide reflexionó sobre el hecho de que la geografía no era la única ventaja con la que contaba Togo para haberse convertido en uno de los países privilegiados para el tráfico de esclavos. También había que tener en cuenta su pluralidad étnica. El sur estaba poblado fundamentalmente por personas que hablaban ewé; en el norte, estaban los kabre, los gurma y los tem. Y no eran los únicos; al menos treinta y siete grupos más se daban cita en aquel país de tamaño medio. Enfrentados entre sí por razones lingüísticas —a pesar de que el francés era una lengua oficial— tribales y religiosas, no era difícil encontrar entre los cuatro millones de habitantes de Togo a aquellos que estaban dispuestos a facilitar la captura de compatriotas que adoraban a otro dios o hablaban otro idioma.

Además estaban las costumbres locales. No pocas familias campesinas aceptaban enviar a sus hijos a la ciudad para que se educaran y, de paso, sirvieran en alguna casa como criados. Lo que no sabían aquellas pobres gentes era que sus retoños caían en manos de redes organizadas de tráfico de esclavos infantiles que no tenían el menor reparo en vender a las criaturas. Había que reconocer, desde luego, que no constituía escasa fortuna que las propias tradiciones proporcionaran un camino ideal para el comercio de seres humanos. Con todo, como en tantos otros lugares del mundo, el factor fundamental para explicar aquella lacra era la pobreza.

Sepp daba sorbitos a su vaso frío y agradablemente rezumante, concentrado en examinar complicados gráficos que contenían las cifras de importaciones y exportaciones del país africano. Con sólo una refinería de petróleo y toda su riqueza minera centrada en los fosfatos, Togo padecía un comercio abiertamente deficitario. Después de Francia, la potencia colonial, Alemania era el país que más se aprovechaba de aquella tierra desconocida, una circunstancia que provocó una sonrisa de satisfacción patria en los labios de Sepp. Con esos datos y más del ochenta por ciento de la población entregada a una agricultura que se practicaba siguiendo métodos arcaicos, no parecía extraño que la gente intentara sobrevivir como fuera... incluso vendiendo a sus vecinos.

Sepp Heide terminó su copa y, tras chasquear suavemente la lengua, se percató de que aquellos informes le habían abierto una sed inmensa. Buscó con la mirada a la azafata y, una vez localizada, agitó el vaso en el aire para indicarle que necesitaba una nueva dosis de alcohol. Una vez que colocaron en sus manos la segunda copa, Sepp la sujetó con ambas manos, se recostó en el asiento y cerró los ojos. No tenía intención de dormir, sino de terminar de deglutir los datos que había examinado durante los últimos minutos.

¿A quién podía atribuirse la penosa situación del país? La solución fácil consistía en echar la culpa de todo a los blancos que lo habían convertido en colonia o a los negros que ahora lo gobernaban. Lo cierto era que, para tratarse de un país que había disfrutado su independencia desde el 27 de abril de 1960, no podía decirse que las cosas le hubieran ido bien. Sin embargo, ambas respuestas eran demasiado simplistas e insuficientes. Alemania, primero, y Francia después no habían gastado mucho en aquella tierra aunque eran numerosos los nativos que guardaban un mejor recuerdo de la primera potencia que de la segunda. Togo había sido una colonia de tercer orden cuyo destino había consistido fundamentalmente en verse exprimida sin recibir las bendiciones de la civilización occidental. Alguna carretera, alguna escuela, el cultivo de la teca[1] importado

1 Teca: Árbol de la familia de las verbenáceas, que se cría en las Indias Orientales, corpulento, de hojas opuestas, grandes, casias, enteras y ásperas por encima. Tiene flores blanquecinas en panojas terminales, y drupas globosas y corchosas, que contienen una nuez durísima con cuatro semillas.

por los alemanes y un ferrocarril era todo lo que las diferentes metrópolis habían dejado en el país.

Lo que había venido a continuación de la salida de los europeos había sido peor si cabía. Los partidos marxista-leninistas que se hacían con el poder e intentaban llevar a cabo una revolución comunista en un país que apenas había salido de la Edad del Hierro se habían ido alternando en el gobierno con juntas militares que pretendían desarrollar aquella tierra combinando la corrupción, la represión y las relaciones con la antigua metrópoli. Desde luego, ninguna de las dos posibilidades políticas era la ideal para acabar con el atraso.

Sepp abrió los ojos y, tras incorporarse, extrajo de la cartera de piel de serpiente una calculadora de bolsillo, una libreta de espiral y un bolígrafo. Entre trescientos y quinientos niños... Su coste medio andaría por los doscientos euros aunque, ocasionalmente, se podían lograr precios menores... En la reventa, sin embargo, aquellos negros subían de precio considerablemente. Con facilidad podían obtenerse dos mil euros por cada uno y muy mal tendrían que darse las cosas para no obtener como mínimo mil quinientos. Los niños serían enviados hacia el norte para trabajar en campamentos agrícolas situados en países islámicos. Su escasa estatura les convertía en presas ideales de los cultivadores de flores de Egipto y su sumisión les dotaba de un especial atractivo para los propietarios de haciendas agrícolas en cualquier país situado al norte del Sáhara o al este del mar Rojo. Por lo que se refería a las niñas... bueno, dependía de la edad pero con un poco de suerte podrían negociar con la mafia nigeriana su traslado a Europa. En España, por ejemplo, cada una de aquellas negritas vendida a las redes de trata de blancas valdría entre tres y cuatro mil euros, es decir, multiplicaría considerablemente la inversión inicial y eso en el más desfavorable de los casos porque los alemanes solían pagar cantidades superiores.

Una sonrisa ancha, alegre, risueña, casi entusiasta se dibujó en el rostro bronceado de Sepp Heide. No cabía duda de que corrían tiempos excelentes para los negocios.

SEGUNDA PARTE

EL CAMINO

7

Amir se despertó con la sensación de que un incansable enjambre de ruidosas abejas zumbaba en torno a su cabeza sin permitirse un respiro. Apenas se hubo incorporado reparó en que uno de sus pies se había enredado en una raíz y comenzó a recordar lo que le había sucedido. Sin duda, había tropezado y el golpe que se había dado contra el suelo le había dejado sin sentido. Mientras se frotaba el abultado hematoma que le había aparecido en un lado de la cabeza, intentó ordenar sus pensamientos. Quizá lo más prudente habría sido alimentarse de la mejor manera posible y después intentar descansar. Sin embargo, algo que superaba cualquier fatiga y cualquier necesidad le acicateaba en dirección opuesta. Durante las horas siguientes, el muchacho, que no mucho antes había cumplido catorce años, se vio obligado a sepultar a su padre. Luego llenó un par de calabazas con agua del riachuelo, se procuró un talego en el que metió algunas raíces comestibles y emprendió la persecución de los que habían destruido su aldea.

Consiguió mantenerla sin dificultad durante los primeros kilómetros, aquellos en los que el viento primaveral no había borrado el tenue rastro permitiendo que se distinguieran las pisadas de las mujeres y los niños así como las huellas de los cascos de los caballos. No tardó Amir en sentirse cansado pero el comprobar hora tras hora que no perdía aquel contacto con los suyos aunque fuera a través de borrosas impresiones en la tierra le otorgó una fuerza inexplicable. Era como si existieran unos lazos invisibles que le unieran con Yamil, con Amina y con su madre y aquellas ligaduras ahora se vieran estrechadas a cada paso que daba.

La situación cambió al salir a territorio abierto, una zona azotada por vientos cálidos hasta el punto de adquirir una textura muy similar a la del desierto. Había caminado un centenar de pasos sobre aquel suelo cuando descubrió desalentado que el rastro que había seguido hasta entonces sin dificultad desaparecía y con él todos sus seres queridos.

Angustiado, Amir desanduvo el camino que había seguido hasta encontrarse de nuevo en el inicio del territorio desértico. Sin embargo, lo que descubrió fue que no existía ninguna otra pista que pudiera conducirle hasta la gente a la que perseguía. Llegó así a la conclusión de que se había equivocado volviendo sobre sus pasos y que debía haber continuado a la espera de dar con alguna huella nueva. De buena gana hubiera reanudado ahora aquella abandonada senda pero la longitud creciente de las sombras le indicó de manera indiscutible que la noche azabache se acercaba a pasos agigantados.

Con el corazón encogido por el pesar, el muchacho alzó los ojos al firmamento y descubrió acá y allá algún lucero cuyo brillo ya resultaba perceptible. Seguramente, en algunos minutos la negrura más absoluta habría descendido sobre toda la tierra y sería imposible ver con claridad. Pensar aquello y echar a correr fue todo uno. Deseaba con toda su alma alcanzar el punto de partida de la última parte de su trayecto. Lo consiguió pero cuando ya no se podía ver más allá de una decena de pasos. Entonces, como si sus pupilas tuvieran la prodigiosa capacidad de perforar las tinieblas, Amir se dejó caer en el polvoriento suelo y clavó la mirada en la oscuridad. Sin dejar de contemplarla, comió una raíz y bebió algunos sorbos de agua. Así, sentado en dirección al punto del horizonte que había devorado a los suyos, le alcanzó el sueño.

Unas seis horas después, Amir había reemprendido la persecución de la caravana de esclavos. La ausencia de huellas resultaba tan absoluta que quiso convencerse de que la escasa luz era la única culpable. Sin embargo, cuando los rayos solares fueron ganando terreno a las sombras, no tardó en descubrir que el viento no había dejado sobre la tierra ni el menor indicio del camino que tenía que seguir.

Al percatarse de aquella circunstancia, un temblor originado por la rabia, la cólera y el dolor se apoderó del adolescente. Hasta ese momento había hecho todo lo que se hallaba en su mano —mucho más que otros muchachos de su edad— para descubrir huellas de su familia. Ahora se encontraba con que había llegado hasta el extremo de sus fuerzas y su meta parecía más huidiza y alejada que nunca. Aquella terrible sensación de fracaso y distanciamiento le provocó un torrente de lágrimas, incontenibles y saladas, que descendieron sobre su boca deformada en una mueca de dolor.

Siguió caminando y cada paso que daba le infundía un pesar aún mayor. Fue entonces, al pensar que todas sus esperanzas se habían evaporado, cuando de su corazón comenzaron a fluir a borbotones las cuestiones que todos los seres humanos en cualquier lugar y en cualquier época se formulan frente a la desgracia. Se preguntó por qué había sucedido todo aquello; por qué su padre había muerto de una manera tan prematura y cruel; por qué su madre, su hermano y la muchacha que se había apoderado de su corazón habían desaparecido; por qué él había sobrevivido si no tenía ahora la oportunidad de ayudarlos... Jadeaba trabajosamente mientras se interrogaba y, de manera inesperada, sus pensamientos se detuvieron en Dios.

Hasta aquel momento, su vivencia espiritual había sido muy limitada. Sabía que existía un Creador del mundo, que castigaba a los malos y premiaba a los buenos, ante el que todos comparecerían después de la muerte y al que se encomendaba el destino de los rebaños y de los campos. A Él se le agradecían los buenos partos de las mujeres y la curación de las enfermedades. A Él se encomendaban los miembros de la aldea que partían de viaje y los niños que iban a convertirse en hombres. De Él sabía también que tenía un Hijo, el buen Jesús, que había nacido de una virgen pura y que había muerto clavado a un árbol extraño que llamaban cruz aunque luego, al tercer día, se había levantado de los muertos. Sabía esas y otras cosas más pero ahora ¿de qué le servían? ¿Dónde había estado Dios en medio de todo aquello? ¿Por qué no había hecho nada para evitarlo? ¿Por qué guardaba silencio?

Mientras aquellas preguntas le asaeteaban el corazón, los ojos de Amir se vieron inundados por las lágrimas y, muy pronto, una película acuosa le tapó las pupilas impidiéndole ver. El muchacho sacudió entonces la cabeza, aunque aquel movimiento instintivo no libró sus ojos del velo que los cubría. Amir se llevó el dorso de la mano derecha hasta la cara y trató de enjugarse las lágrimas. Tuvo que repetir el gesto tres veces antes de que su vista quedara despejada. Entonces parpadeó y se percató con alivio de que su visión era tan buena como siempre.

Algo más sereno, se sonó la nariz e intentó secarse el rostro. Tenía la garganta seca y echó mano de una de las calabazas. Se la llevó hasta los labios para beber un trago largo y reparador. Nada más sentir el tacto fresco del recipiente sobre la boca, de repente, supo con toda la certeza que podía caber en su juvenil corazón que Dios había escuchado sus oraciones aunque estuvieran más teñidas por la rabia que por la piedad.

Con un ademán rápido, apartó de sí la calabaza y dirigió la mirada al camino. Sí. No se había equivocado. Ahora podría seguirlos y, tarde o temprano, encontraría al grupo de sus paisanos. Luego... luego Dios sabría lo que tenía que hacer.

8

Yamil clavó la mirada en Muhammad. Aunque, al igual que sus seis baqqara, estaba totalmente cubierto por una vestidura inmaculadamente blanca que iba desde la coronilla hasta los tobillos y carecía de signos exteriores de grado, rango o poder, el muchacho no había tardado en percatarse de que era diferente y, sobre todo, de que era el jefe indiscutible de la partida de negreros. Únicamente conocía Yamil una docena de palabras en árabe pero sus agudas dotes de observación le habían permitido descubrir los gestos, los ademanes, los movimientos casi perceptibles con los que Muhammad imponía su voluntad. Ahora, sin embargo, el jefe parecía haberse otorgado un descanso.

Había tomado arena del suelo y se había frotado las manos con ella igual que si se tratara de agua. A continuación, había elevado los ojos al cielo, como si intentara encontrar una orientación geográfica concreta. No había tardado en dar con ella y entonces había dirigido su frente hacia un punto enclavado en el lejano noreste.

Al igual que su familia, Yamil era cristiano y aparte de algunos animistas no conocía ni ritos ni personas que tuvieran otras creencias religiosas. Precisamente por eso, se sintió extrañamente atraído por el rosario de movimientos que ejecutó Muhammad. Primero, se puso en pie y con las manos a los costados. Luego llevó los pulgares de las manos a los lóbulos de las orejas y con los dedos separados pronunció una frase que no logró entender. Después, todavía de pie, con la mano derecha sobre la izquierda y colocadas ambas delante del vientre, sus labios volvieron a moverse para recitar una fórmula que los oídos de Yamil nuevamente no llegaron a captar. Después inclinó el cuerpo y colocó las manos sobre las rodillas. Tras ejecutar aquel nuevo movimiento, Muhammad volvió a ponerse en pie y se llevó las manos a los costados. Se postró entonces sobre la frente, se sentó sobre los talones para pronunciar una nueva fórmula y, una vez más, se inclinó. Aquel primer conjunto de movimientos terminó cuando Muhammad se irguió de nuevo y colocó otra vez los pulgares de las manos sobre los lóbulos de las orejas. Durante los minutos siguientes, el negrero repitió aquel conjunto de movimientos varias veces pero Yamil no esperó a ver la conclusión. Sin apartar apenas la vista de su captor, el muchacho se acercó sigilosamente hacia el lugar donde se encontraba su madre.

Poco antes de que Muhammad diera inicio a la oración musulmana de la tarde, sus baqqara habían obligado a los esclavos a sentarse en el desnudo suelo formando una especie de círculo y les habían liberado de sus ligaduras para permitirles evacuar sus necesidades, unas necesidades que habían tenido que contener a lo largo de las dilatadas horas de viaje. Mientras Muhammad realizaba la primera *raka*[1] de los rezos, sus secuaces habían encendido un fuego y comenzado a cocinar la cena. Eran

1 Raka: Postura que se adopta a lo largo del rito de la oración.

musulmanes, al igual que su jefe, pero no se sentían obligados en medio de los azares imprevisibles de aquel viaje a cumplir con un precepto que se contaba entre los cinco pilares del islam. Con gestos rápidos y eficaces, comenzaron a freír cebollas en unas sartenes amplias y arrojaron algunos puñados de arroz en unos peroles. Luego, cuando el aroma de la pitanza[2] comenzó a herir la nariz de los esclavos y se acercó el momento de saciar su apetito, uno de los hombres arrojó en una cacerola una pasta extraída de un saquete de estameña.

La experiencia ininterrumpida de siglos dedicados a la trata de esclavos había enseñado a los negreros que alimentarlos decentemente no constituía una buena política. Una cantidad aceptable de comida habría provocado una digestión normal que haría pesada la marcha y, por tanto, más lenta. Por añadidura, algunos alimentos podían originar trastornos como la disentería que no sólo retrasarían el viaje de la caravana sino que incluso podrían costar la vida a una parte de la mercancía. Lo ideal era proporcionarles una pasta de arroz casi sólida acompañada de simple agua. Aquel comistrajo no pasaba de ser un amasijo repugnante capaz de revolver el estómago de cualquier ser humano que conservara un mínimo de paladar. Sin embargo, ni los negreros estaban dispuestos a gastar un céntimo más en la comida de sus víctimas ni éstas podían permitirse dejar de engullirla. Cuando, en casos muy aislados, se atrevían a ofrecer alguna resistencia a la repugnante dieta, los negreros actuaban con rigor. Ataban al desdichado y le colocaban en la boca instrumentos

2 Pitanza: Ración de comida que se distribuye a quienes que viven en comunidad o a los pobres, a alimento cotidiano.

de metal o madera que se la mantenían lo suficientemente abierta como para volcarle aquella masa. Si consentían cualquier insubordinación —de eso no les cabía la menor duda— los efectos sobre el conjunto de los esclavos serían pésimos. Precisamente por ello, los negreros contaban con un arsenal de medidas represivas que incluían introducirles insectos por los oídos, descoyuntarles las extremidades, enterrarlos en la arena bajo el sol atados de pies y manos, o colocarles brasas ardientes entre las piernas. Cualquiera de ellas resultaba válida para garantizar la obediencia.

Yamil, desde luego, no sentía ningún remilgo contra la comida que preparaban sus captores. Esperó con impaciencia a que el comistrajo estuviera listo y luego se lanzó sobre el fétido recipiente con intención de obtener una ración. No era el único cuyo vacío estómago ansiaba con desesperación un alivio y tuvo que forcejear con otras manos que, crispadas, también se extendían hacia la olla. Sin embargo, Yamil era más joven que la mayoría de las mujeres y más vigoroso que los niños de forma que, a codazos y manotadas, logró imponerse y apoderarse de uno de los primeros puñados de comida.

Apenas sintió la masa entre las manos se apartó del grupo y buscó con la mirada a su madre. Sus treinta años la convertían en aquella parte del mundo casi en una anciana y esa circunstancia explicaba que fuera de las últimas personas del conjunto que se afanaba desesperadamente por llegar hasta la olla.

—¡Madre! ¡Madre! —dijo Yamil con una ansiedad teñida de alegría—. Aquí está la comida.

Por un instante la pobre mujer no entendió pero un gesto decidido de su hijo la devolvió a la realidad y también, y de manera muy especial, al gozo de percatarse de que Yamil seguía vivo.

—¡Allí! ¡Allí! —le instó el muchacho señalando con el mentón el tronco de un árbol.

Al dirigirse hacia el lugar que acababa de indicar, Yamil lanzó una nueva mirada hacia Muhammad que continuaba sumido en el ritual de oración. Bien, pensó el joven, mientras estuviera entretenido con aquellos rezos les dejaría respirar.

—¡Siéntate, madre! —dijo Yamil cuando llegaron al lado del árbol y a continuación depositó en las palmas desnudas de la mujer el puñado de arroz del que había logrado apoderarse en dura competencia con sus compañeros de infortunio.

De manera mecánica, sin apartar la mirada de su hijo mayor, la mujer recogió la pasta en las manos.

—¡Come! ¡Come, madre! —le instó Yamil. —Yo voy a por agua.

Muhammad concluía su última *raka* cuando el muchacho regresó al lado de su madre sujetando un cacillo de madera en la diestra. La mujer acercó los labios al recipiente que su hijo sostenía para que pudiera aplacar su sed. Bebió larga y ansiosamente, consciente de que quizá pasarían muchas horas antes de que le permitieran repetir aquella operación vital.

—¿Tú no comes, hijo? —preguntó de repente con la mirada velada por la preocupación.

Yamil acercó la mano a la mejilla avejentada de la mujer y, por un instante, la acarició. Luego, forzando una sonrisa que le resultó más difícil de esbozar que ninguna otra que antes se hubiera dibujado en su rostro, dijo:

—Sí..., ahora mismo pero lo importante es que tú comas...

Tardó unos instantes en apoderarse de otro pegote compacto de alimento y regresar al lado de la mujer. Con la espalda apoyada en el tronco del árbol, ambos consumieron la miserable pitanza sumidos en un silencio tejido a partes iguales de hambre y pesar. Y como si un mismo resorte hubiera accionado sus cabezas, sus miradas se encontraron y captaron a la perfección los pensamientos que ocupaban el corazón del otro.

—Hijo... —comenzó a decir la madre y Yamil se percató de que cada palabra que pudiera pronunciar le resultaría tan dolorosa como si se la estuvieran grabando a fuego sobre la carne. —Tú... ¿tú sabes lo que pasó con Amir?

Yamil sintió la tentación de respirar hondo pero algo en su interior le contuvo temeroso de que aquella reacción pudiera alarmar a su madre.

—No murió, madre —dijo con todo el aplomo de que fue capaz.

Un silencio espeso y asfixiante siguió a aquellas palabras posándose sobre el muchacho y su madre. Entonces ésta formuló la pregunta que no podía contener más en su interior.

—¿Por qué estás tan seguro?

—Cuando..., cuando padre fue herido..., cuando padre fue herido yo lo ví... —comenzó a decir Yamil— y también vi cómo mataron a todos los demás pero Amir... Ni siquiera se encontraba en la aldea cuando estos hombres llegaron...

—¿Y dónde está ahora? —preguntó la madre.

—En cualquier sitio donde se encuentre estará buscándonos —respondió el hijo. —De eso puedes estar segura.

Yamil sintió la tentación de bajar la cabeza y recostarla sobre el pecho de su madre pero, en el último momento, se contuvo y, pasando la diestra por detrás de la espalda de la mujer, la empujó dulcemente para que se apoyara en él. El hijo no lo sabía pero mediante aquel sencillo gesto había dejado definitivamente de ser un joven para convertirse en un hombre.

9

Habían recogido a Sepp Heide en el aeropuerto cercano a Lomé, la capital de Togo. De esa manera había concluido un itinerario aéreo que había dado comienzo en Mallorca y que le había llevado a través de los aeropuertos de Madrid, Bruselas y Lagos. Aunque según Sepp Heide nunca era prudente esperar un buen servicio en cualquier país situado al sur de Gibraltar, tuvo que reconocer para sus adentros que sus anfitriones se habían comportado de una forma que casi hubiera podido calificarse de exquisita. Un negro de piel lustrosa y sempiterna[1] sonrisa le estaba esperando con un cartel en el que aparecía escrito su nombre alemán de forma pulcramente correcta. Nada más identificarse ante él, Sepp había sido objeto de los intentos insistentes del africano por cogerle el equipaje y llevarlo hasta el vehículo. Con un gesto le había indicado que podía echar mano de su maleta —no demasiado voluminosa por otra parte— mientras sujetaba de manera casi instintiva el maletín de piel de serpiente donde guardaba papeles y documentos de suma importancia para él.

Las negras cejas del alemán se elevaron formando un curioso arco cuando, para sorpresa suya, descubrió que el vehículo —un Opel prácticamente

1 Sempiterna: Que durará siempre, perpetua.

nuevo— contaba con un servicio impecable de aire acondicionado.

—¿Se agradece, verdad? —le dijo en correcto alemán el africano que actuaba de conductor a la vez que desplegaba una sonrisa—. Poco a poco vamos avanzando.

Por toda respuesta, Sepp dirigió la mirada hacia la ventanilla y echó un vistazo al exterior. ¡A saber que entendía aquel mono de uniforme por «vamos avanzando»! ¡El automóvil era alemán con una tecnología no menos alemana! A medida que discurría el trayecto que había de conducirle al hotel, Sepp Heide se le fueron llenando los ojos de las multicolores tonalidades de Lomé. Los ocres y los azules, los blancos y los rojos, los amarillos y los verdes posados en las faldas de las mujeres, en las camisas de los hombres o en los muros de las casas otorgaban a la ciudad una vida que cualquiera habría deseado sorber a tragos pequeños. Naturalmente, en el supuesto de no encontrarse tan absorbido por otros menesteres como era el caso de Sepp Heide. Desde luego, el alemán no lamentó lo más mínimo el llegar a su destino y dejar de contemplar el variopinto y abigarrado panorama que se le había ofrecido desde su aterrizaje en el aeropuerto cercano a Lomé.

Heide carecía de conocimientos de francés y hasta su inglés resultaba un tanto limitado cuando iba más allá de la simple lectura. Precisamente por eso, el que su conductor se las entendiera con el empleado de la recepción constituyó para él una suerte. Durante unos minutos que a Sepp le parecieron molestamente infinitos, el africano que le había llevado hasta el hotel departió con su compatriota en unos términos que no pudo entender pero que resultaban visiblemente animados. Por un instante, incluso hubiera parecido que estaban a punto de llegar a las manos. Por suerte, al final, con gesto de pocos amigos, el recepcionista se dirigió a un casillero de brillante madera y arrancó más que tomó una llave depositada en su interior. Acto seguido se la tendió al conductor tras escupir una frase que, como todo lo anterior, resultó ininteligible para Sepp.

—Bien, bien, bien, *Herr* Heide —dijo con una rutilante sonrisa de triunfo el conductor—. Tiene usted una de las mejores habitaciones de la casa. Baño bien equipado, aire acondicionado... y una neverita con refrescos.

Una vez más Heide no despegó los labios y se limitó a seguir a su acompañante cuando éste apartó con gesto poco amigable a uno de los botones del hotel y se abrió camino con el equipaje hacia el ascensor.

Sepp jamás había sentido el menor malestar a la hora de subir en un elevador. Con todo, cada vez que entraba en uno de aquellos aparatos en un hotel africano no podía evitar que se apoderara de él una sensación incómoda. La verdad era que sus prevenciones resultaban injustas. Con una altura de ciento dos metros, el hotel *Dos de febrero* superaba a muchos de los establecimientos alemanes y no era lógico pensar que el ascensor quedara detenido entre dos plantas. De hecho, a pesar de que su habitación se hallaba en un piso elevado —una concesión para que pudiera contemplar la ciudad desde una perspectiva privilegiada—, Heide tardó muy poco en abandonar una cabina que le había parecido asfixiantemente lenta y pequeña.

Contempló con el rabillo del ojo cómo el africano miraba el número unido a la llave y luego le siguió hasta la puerta. Los últimos minutos al lado de su diligente guía le resultaron especialmente enojosos. Por supuesto, le dejó abrir la puerta e introducir la maleta pero tan sólo deseaba que desapareciera cuanto antes de su presencia. En cuanto el hombre hubo depositado el liviano equipaje en el suelo, Sepp se llevó la mano al bolsillo interior de la chaqueta y extrajo la cartera con la intención de darle una propina. Aceptaban cualquier cosa impresa en papel moneda y por un billete de cinco euros no pensaba privarse del pequeño placer de sentirse generoso.

Con una sonrisa adulatoria que hubiera satisfecho al colonialista más cerril[2], el africano levantó las palmas de las manos para negarse a recibir aquel magro obsequio. Se trataba, claro está, de una ceremonia cuyo final era conocido de sobra por ambas partes. Bastó que Sepp agitara un par de veces más el billete para que el hombre se abalanzara sobre él y, deshaciéndose en ademanes de gratitud, se encaminara hacia la salida.

—*Herr* Heide— dijo cuando su mano descansaba ya sobre el pomo de la puerta. —Me entregaron esto para usted.

Echo mano del sobre que le tendía el africano y éste se esfumó con tal rapidez que casi dio la impresión de que, en lugar de cruzar el umbral, se hubiera filtrado por una de las paredes de la habitación.

Aunque el sobre era de buen material, Sepp se percató inmediatamente de que estaba abarquillado[3]. Con disgusto pensó en que, a fin de cuentas,

---

2 cerril: que se obstina en una actitud o parecer, sin admitir trato ni razonamiento

3 Abarquillado: De forma de barquillo.

el africano lo había custodiado en el interior de su chaqueta muy cerca de la axila y en que, sin duda, aquella deformación se debía al sudor del pegajoso sujeto. Nada más llegar a esta conclusión y, con un gesto de acentuado desagrado, arrojó el sobre encima de una mesita. Sepp Heide no soportaba el sudor en ninguna de sus manifestaciones, siendo capaz de apartarse de una bella mujer simplemente porque presentaba señales de transpiración; así pues la simple idea de que ésta vez el líquido y salado elemento pudiera proceder de un africano le revolvía literalmente el estómago.

Durante los momentos siguientes, se afanó por localizar el aire acondicionado y ponerlo en funcionamiento. Una vez que una corriente tenue de frescor comenzó a expandirse por la habitación, se despojó de la americana y de la camisa, y se encaminó al cuarto de baño para lavarse la cara. Desconfiaba por instinto de las toallas, los jabones y el champú de los hoteles de manera que, previamente, sacó su neceser de la maleta para proveerse de los artículos necesarios para su limpieza personal. A continuación, acometió una operación concienzuda para no dejar sobre sus manos, cara, cuello y brazos ni siquiera un minúsculo átomo de suciedad que hubiera podido adherirse a su piel en la sala de espera de los aeropuertos de Mallorca, Barajas y Bruselas, en el avión en que había venido desde España y en el automóvil que le había traído hasta el hotel.

Sólo cuando se sintió razonablemente convencido de que había recuperado su pulcritud habitual, cerró los grifos, se secó con su propia toalla y, tras apagar la luz del cuarto de baño, regresó a la habitación. Se encontraba tan satisfechamente limpio que la sola visión del sobre manchado de sudor le provocó una renovada muestra de insoportable desagrado. Volvió, por lo tanto, sobre sus pasos y arrancó un trozo de papel higiénico del rollo blanco que había fijado en la pared del lavabo. Únicamente después de envolverse cuidadosamente los dedos con aquella cobertura de papel tomó el sobre y lo desgarró por un lado que parecía especialmente libre del contacto con cualquier africano.

Un aroma dulzón de perfume le alcanzó la nariz cuando el sobre quedó finalmente rasgado. Se trató de una extraña sensación que se multiplicó cuando extrajo de su interior una cuartilla doblada de una manera extraña, casi similar a la que adoptan las vistosas corolas de algunas flores africanas.

—¡Estos negros...! —masculló Sepp al percatarse de que aquella fragancia no era sino una muestra de cortesía en forma olfativa.

Leyó el contenido de la nota —que estaba redactada en un alemán elegante, levemente ampuloso[4]— y, tras repasarla un par de veces más, hasta que todos los detalles le quedaron grabados en la memoria, extrajo un reluciente encendedor de su bolsillo, accionó el mecanismo de encendido y quemó el papel comenzando por el extremo superior derecho.

---

4 Ampuloso: Dicho del lenguaje o del estilo y del escritor o del orador: Hinchado y redundante.

10

Durante los dos primeros días que siguieron a la destrucción de la aldea y a la captura de los esclavos, los baqqara de Muhammad no mostraron interés alguno en las mujeres reducidas a la esclavitud. Las razones para aquel comportamiento eran diversas. En primer lugar, se encontraba la imperiosa necesidad de doblegar cualquier posible conato de resistencia de los esclavos. Los negreros sabían por experiencia que durante las primeras cuarenta y ocho horas era cuando más se podía temer un intento de revuelta por parte de aquellos infelices. En ese breve espacio de tiempo, conservaban aún cierto vigor físico, no se encontraban demasiado lejos de su lugar de origen, el paisaje les resultaba familiar y mantenían alguna esperanza. El hambre devoradora, el sol abrasador, la interminable caminata, la sed imposible de aplacar y, muy especialmente, el miedo a un mundo que, poco a poco, se les mostraba desconocido y, por eso mismo, peligroso acababan, sin embargo, por convertir a mujeres, niños y hombres normales en seres que seguían respirando pero que ya eran incapaces de luchar.

En segundo lugar, también en ese plazo de tiempo los negreros podían observar a placer la apariencia física de las mujeres capturadas. Durante las primeras horas, todas mostraban el mismo aspecto de pánico, de intranquilidad, de angustia. Al cabo de un par de días, en ellas se operaba una mutación casi mágica. Las hermosas recuperaban sus encantos naturales como si éstos fueran más fuertes que el pavor o la inseguridad. Por el contrario, las desfavorecidas se ajaban como si resultara inminente su extinción física. Se trataba, sin duda, de una reacción corporal extraña y difícil de explicar pero todos los negreros la comentaban con satisfacción apenas oculta.

Pasado aquel plazo, los hombres de Muhammad sabían, aunque no hubieran cruzado una sola palabra al respecto, que aquella noche se repartirían las muchachas no como si se tratara de seres humanos dotados de sentimientos sino con la misma despreocupación e indiferencia con que habrían aplastado una lagartija que se les cruzara por el camino. La expectativa resultaba tan tentadora y, a la vez, tan real que durante todo el día los negreros tuvieron serias dificultades para reprimir su impaciencia y, para desgracia de los esclavos, su creciente irritación. En realidad, eran como una olla a presión que sólo ansiaba expulsar el vapor que había acumulado en su interior, sólo que este vapor no estaba formado por agua sino por una condensación insana de los peores deseos que podía albergar un corazón humano.

Apenas el sol rojo comenzó a desplomarse sobre la línea malva del horizonte y los dynkas terminaron de trasegar el inmundo amasijo que constituía su única pitanza, los hombres de Muhammad intercambiaron unas miradas significativas y tres de ellos se adentraron en el círculo formado por los esclavos.

Llevaban ya bastantes horas observando a las mujeres de manera que no tuvieron que dedicar mucho tiempo a tomar una decisión. Dado que las que tenían más de dieciocho años eran ya demasiado mayores y las niñas menores de doce años no habían crecido del todo, el conjunto sobre el que iban a escoger quedaba fácilmente acotado. Sólo había que decidirse por alguna joven hermosa situada en el arco de edad que iba de los doce a los diecisiete años.

Amina llevaba sintiendo un insoportable dolor en las pantorrillas desde que habían abandonado la aldea arrasada. Aunque había sido siempre una muchacha trabajadora que lo mismo ayudaba a su madre a moler el grano y cocer el pan que a tejer ropa para la familia o segar en el huerto, su cuerpo no estaba acostumbrado a recorrer distancias como las que la habían cubierto en los últimos días. Venciendo un asco insoportable que le subía desde el estómago y se le aferraba a la garganta, acababa de comer hasta el último residuo de la pasta viscosa que les proporcionaban los negreros y ahora se masajeaba con fuerza los gemelos con la intención de aliviar el dolor que sentía en ellos.

Se empeñaba en aquella tarea con el entusiasmo que sólo proporciona la necesidad, a pesar de que las yemas de los dedos de Amina apenas conseguían desprender de sus músculos la dolorosa punzada que los torturaba durante todo el día y a lo largo del descanso nocturno. Concentrada en aquella labor, Amina no se percató de que uno de los negreros se había detenido a un par de pasos.

El baqqara la miraba con la misma sensación de diversión con que el felino contempla la presa que va a capturar y engullir de manera inmediata. Primero, sus labios carnosos se habían entreabierto mostrando una sonrisa teñida de una malignidad especial.

Luego, de la manera más sigilosa que pudo, desplazó su cuerpo hasta interponerse entre Amina y los escasos rayos de sol que aún la iluminaban.

Absorta en su tarea, la muchacha no captó lo que estaba sucediendo y se limitó a mover las piernas y los ojos en busca de algún espacio mejor iluminado. Había repetido esa operación ya tres veces cuando su mirada, colocada casi a ras de suelo, tropezó con unos pies que, a diferencia de los de los esclavos, estaban calzados. No era consciente Amina de lo que podía significar aquella inesperada cercanía pero sintió que una angustia extraña y desasosegante se apoderaba de su pecho. Bastó entonces que alzara los ojos para descubrir a un hombre que la contemplaba con un rictus[1] desagradable.

En ocasiones, el don de la palabra, que ha sido dado por Dios únicamente a los seres humanos, resulta totalmente innecesario para que éstos se comuniquen. Un ademán, un movimiento de dedos, una mirada sirven para expresar una gama de sentimientos complejos con mucha más elocuencia que un millar de frases. Eso fue precisamente lo que sucedió cuando Amina elevó los redondos ojos y sus pupilas de color azabache se encontraron con las del negrero. Ignoraba lo que podía desear aquel hombre pero un instinto interior más fuerte de lo que nunca hubiera podido pensar y más seguro de lo que nadie estaría dispuesto a aceptar le dijo que se hallaba amenazada de una manera directa.

Aquella alarma instintiva impulsó a Amina a ponerse en pie e intentar huir. Fue también el instinto, en este caso el propio del depredador, el que llevó al baqqara a empujar a Amina contra el suelo

1 Rictus: Contracción de los labios que deja al descubierto los dientes y da a la boca el aspecto de la risa.

abortando cualquier posibilidad de que escapara. Fue un pequeño golpe propinado con una leve dosis de energía pero a Amina le causó una terrible desesperación. Sus pupilas oscuras se dilataron, sus manos juveniles se crisparon sobre la tierra y, de nuevo, intentó ponerse en pie. Con una risotada, el negrero repitió el movimiento que había realizado tan sólo unos segundos antes.

Cuando las nalgas firmes de la muchacha volvieron a estrellarse contra el suelo, Yamil se percató con más claridad que Amina de lo que iba a suceder. Podría haber mirado hacia otro lado —tal y como estaban haciendo la mayoría de los esclavos en aquel mismo momento— en un intento de librarse de cualquier complicación o, simplemente, haber permanecido sentado a la espera de que todo concluyera cuanto antes. Sin embargo, algo que había en un punto de su mente difícil de localizar puso en pie a Yamil con la intención de interponerse entre el árabe y la muchacha. Aquel impulso no le dijo nada acerca de la insuperable desproporción de fuerzas, ni sobre el hecho de que se encontraba desarmado ni tampoco le llevó a reflexionar sobre la clara imposibilidad de vencer. Simplemente le indicó que alguien corría peligro y que su deber era socorrerlo sin pararse a considerar nada más.

Con lentitud pero sin apartar la mirada del árabe, Yamil se puso en pie. Mientras el sujeto cubierto de vestiduras blancas volvía a lanzar una risotada provocada por la profunda angustia de la muchacha, Yamil cerró los puños como si así pudiera convertirlos en mazas y caminó un paso hacia Amina. Se detuvo y aspiró hondo, como si fuera a emprender una carrera, como si estuviera cargando su cuerpo de fuerza, como si se preparara para una lucha nunca practicada antes y que no podía permitirse perder. Luego dio dos pasos más hacia el árabe. Había llegado el momento de la verdad.

11

Había cubierto la mitad de la distancia que lo separaba de Amina, cuando experimentó un vigoroso golpe que lo arrojó contra el suelo. Tardó un instante en levantarse y entonces se percató de que tenía la boca llena de tierra áspera y de un líquido caliente y pastoso. Sacudió instintivamente la cabeza y, a continuación con el corazón rebosante de angustiosa alarma, dirigió la inquieta mirada hacia el lugar donde se encontraba la muchacha. Lo que entonces contempló fue algo que escapó en buena medida de su capacidad de comprensión.

Uno de los negreros se había aproximado hasta donde se hallaba Amina y hablaba al que había empujado a la muchacha con un tono de voz imperioso e irritado. Éste ahora temblaba sin decir una sola palabra. Cuando, finalmente, su interlocutor extendió la diestra ordenándole apartarse, se limitó a inclinar la cabeza y a obedecer.

Yamil apenas acababa de levantarse en el momento en que el desconocido que había impartido las órdenes volvió a pasar por su lado. Ni siquiera se dignó mirarle pero cuando el muchacho juzgó que había caminado media docena de pasos se dirigió al lugar donde estaba Amina y se sentó a su lado. No intercambiaron una sola palabra. No obstante, la joven comprendió que el hermano de Amir estaba dispuesto a defenderla costara lo que costase la próxima vez que fuera menester.

Muhammad regresó al lugar desde donde contemplaba a los esclavos presa de una desasosegante irritación. No tenía —nunca había tenido— ningún inconveniente en que sus hombres utilizaran a las mujeres capturadas. A fin de cuentas, eran *nasranin* o *kafirin*, eran negras, eran esclavas. Sin embargo, Muhammad creía que esos comportamientos contaban con una excepción bien delimitada. El comerciante de animales sabe que puede recrearse con el gorjeo de los pájaros o incluso juguetear con el perro que vende. El verdulero no necesita que le digan que tiene derecho a disfrutar del aroma y del color de los lozanos productos de la tierra que ofrece en el bazar. Incluso el artista es consciente de que puede gustar de la sublime belleza del arte con el que comercia. Sin embargo, razonaba Muhammad, ninguno podía permitirse dañar su mercancía. Si lo hubieran hecho, sólo habrían demostrado que eran unos necios inconscientes.

Algo similar sucedía con los negreros. Podían aprovechar a las mujeres que formaban parte de su caravana como lavanderas o como cocineras pero nunca estropear una mercancía que podía venderse a buen precio y que perdería su valor de verse maltratada. ¿Por qué el necio de Gamal había tenido que elegir a aquella muchacha para divertirse? ¡Sí! ¡No cabía duda de que era la más hermosa de todas pero, precisamente por eso, tenía que haber rechazado el menor pensamiento de ponerle un dedo encima! ¡Estúpido! No debía haberle contratado. Necios así eran los que arruinaban los negocios. ¡Que echara mano cualquier otra esclava pero que no se le ocurriera dañar el género de mejor calidad!

Reflexionaba en estas cosas cuando un alarido de pánico cerval desgarró el aire, pesado y caliente, del campamento. Muhammad estiró el cuello y vio cómo Gamal acababa de agarrar a otra de las mujeres por la muñeca y tiraba de ella para arrastrarla fuera del lugar donde se encontraban los esclavos. La negra se resistía y gritaba con resolución pero bastaron tres tirones enérgicos para sacarla a rastras del irregular círculo y colocarla en el camino sinuoso que conducía hacia unos arbolillos cercanos.

Muhammad sonrió. La esclava debía tener no menos de veinte años. En otras palabras, era casi una vieja y su precio potencial no podía resultar muy elevado. Gamal había aprendido la lección. Ningún comerciante de esclavos sensato estropea nunca la buena mercancía.

12

Sepp Heide se echó hacia atrás como si le hubieran propinado un puñetazo en pleno rostro. Un hedor formado por la suma de sudor, orines, heces y lágrimas había raspado el interior de su nariz con una fuerza suficiente como para provocarle el vómito. Se llevó la mano derecha al rostro de manera instintiva y la agitó como si de esa manera pudiera disipar la desagradable sensación que se había apoderado de él. Luego buscó en su bolsillo y extrajo un pañuelo impoluto[1] con el que se tapó cuidadosamente la nariz. Al reparar en que sus acompañantes no parecían tener consciencia de la peste inhumana que despedía aquel estrecho cubículo e incluso cruzaban entre ellos miradas de desconcierto como si no pudieran explicarse la repentina reacción del alemán, Sepp se guardó el pañuelo y, forzándose hasta la náusea, dirigió la mirada al lugar del que brotaba aquella insoportable peste.

Calculó que, en conjunto, debían ser unas diez o doce criaturas con edades comprendidas entre los nueve y los dieciocho años. Por supuesto, el color de su piel era del negro que caracterizaba a un par de etnias distintas de las que formaban el conjunto de los habitantes de Togo. No se detuvo excesivamente

1 Impoluto: Limpio, sin mancha.

en cada uno de aquellos rostros cubiertos por una inmunda película de suciedad acumulada. Lo único que le importaba era que causaran una impresión razonable de estar sanos.

—¿Alguno está enfermo? —preguntó rutinariamente.

—Por supuesto que no, por supuesto que no —protestó en un alemán casi perfecto uno de los africanos que iban con él—. Quizá se encuentran un poco cansados pero su estado de salud es magnífico.

—¿Qué han costado? —interrogó ahora Sepp reconduciendo directamente la conversación hacia la cuestión que le parecía más importante.

—Bueno... —comenzó a responder el africano pero Sepp no estaba dispuesto a permitir que eludieran una respuesta que para él resultaba esencial.

—¿Cuánto? —le cortó el alemán con tono tajante.

El africano dejó escapar un suspiro y, al final, dijo:

—En torno a ciento cincuenta euros por cabeza. Algunos un poco menos y otros un poco más. Le entregaré una relación con los nombres, la procedencia y el gasto que ha supuesto la adquisición de cada uno.

—Y la edad —interrumpió nuevamente Sepp.

—Sí... sí, claro —aceptó el negro con gesto sumiso—. En la medida de lo posible, claro está.

—¿Cuántos son en total? —preguntó Sepp mientras se apartaba del barracón y dirigía la mirada hacia algunas casuchas cercanas repletas de la misma preciada mercancía.

El interlocutor de Sepp realizó un gesto con la mano y uno de sus acompañantes empujó la puerta de la barraca. Inmediatamente, le colocó un pesado candado que se cerró con un desagradable chasquido metálico.

—Unos trescientos —respondió el africano.

Sepp guardó silencio. No estaba mal aunque, desde luego, se trataba de una cifra inferior a aquella con la que le hubiera gustado contar. En cualquier caso, el negocio seguía siendo excelente. Desde luego, no pensaba que los muchachos se pudieran vender por menos de diez o quince veces de lo que habían costado.

—¿Todo se llevó a cabo dentro de la ley? —interrogó ahora mientras calculaba los esclavos que podían estar encerrados en las otras barracas y se preguntaba por los lugares que aún tendría que visitar antes de saber el número total.

—Sí —respondió el africano—. Naturalmente. Los padres que los entregaron recibieron una pequeña cantidad y se les aseguró que sólo serían empleados en tareas honradas y legales.

Sepp guardó silencio por un instante, recorrió el interior de su boca con la punta de la lengua y clavó la mirada en su interlocutor. Las pupilas claras, frías y duras del alemán provocaron un escalofrío en el africano.

—Escúcheme —dijo Sepp—. Sé de sobra que algunos de estos muchachos se encuentran aquí sin el permiso de sus familias. Son chicos abandonados por sus padres o expulsados de casa por matrimonios divorciados que no quieren saber nada de ellos porque tienen intención de iniciar una nueva vida. Ignoro cuántos de esos forman parte de nuestro grupo pero quiero saberlo.

El africano bajó la cabeza y, por un instante, pareció que se sentía incómodo por lo que acababa de escuchar. Finalmente, volvió a alzar los ojos y dijo:

—Nadie me informó de que usted no deseaba esa clase de chicos...

—Nadie le informó por la sencilla razón de que no tengo inconveniente en que formen parte del cargamento...

Las cejas del africano se arquearon dejando de manifiesto su sorpresa.

—Simplemente necesito contar con esa información para saber cómo ocultarlos convenientemente entre los demás. No deseo correr ningún riesgo con las autoridades. En caso de que exista la menor posibilidad de que nos intercepten, deberíamos formar cargamentos distintos. ¿Ha comprendido?

El togolés asintió con la cabeza. Sepp dejó que su mirada reposara en el rostro del africano. Era curioso. Togo había dejado de ser una colonia germana durante la primera guerra mundial hacía ya casi noventa años pero todavía era posible encontrar a buen número de negros que estaban dispuestos a utilizar el alemán como segunda lengua y que, para ser sinceros, no lo hablaban del todo mal. Sepp dejó escapar un rictus de satisfacción mientras se decía a si mismo que, a pesar de las derrotas en dos guerras mundiales, nadie podía impedir que los alemanes volvieran a ocupar el lugar que se merecían en el mundo.

—¿Está usted hablando de cargamentos diferentes antes de salir del país?

La pregunta arrancó a Sepp Heide de su autocomplaciente ensimismamiento.

—Naturalmente —respondió el alemán—. La policía que me preocupa es la de Togo. Una vez llegados a la frontera, los dividiremos y los grupos, al ser más pequeños, resultarán más difíciles de detectar.

—*Jawohl, Herr*[2] Heide —asintió con gesto obediente el togolés.

Sepp no se molestó en mirar a su interlocutor. Apartó los ojos del africano y dejó que su vista pasara fugazmente por encima de las barracas. Se le ocurrió de pronto pensar que, como en tantas otras cosas, el mal olor no era sinónimo de calidad inferior sino de negocio pingüe.

Esa convicción convirtió en más soportable lo que le quedaba de espera. Con todo, a pesar de que no se alargó por más de veinte minutos, a Heide le parecieron una eternidad bajo el sol abrasador, envuelto en aquella humedad que impregnaba cada partícula de aire y aquejado por la fetidez que manaba desde los chamizos donde se hacinaban unos seres que en cualquier país avanzado hubieran sido considerados menores dignos de una especial protección. Cuando vio que a una veintena de pasos se detenía un automóvil Mercedes de impecable factura supo que aquella poco grata fase de su viaje estaba llegando a su fin.

El africano que descendió del vehículo tenía una piel de un tono negro profundo y brillante, casi acharolado. Alto —no debía medir menos de un metro noventa centímetros— delgado y dotado de una cierta elegancia, Sepp Heide llegó a la conclusión de que casi con seguridad se trataba de un ibo[3], la tribu que, de manera totalmente infructuosa, había intentado independizarse en varias ocasiones de Nigeria y que contaba con algunos de los personajes más inteligentes del país.

2 NT. Jawohl Herr: Sí señor

3 Ibo: tribu que habita al sureste de Nigeria.

—Boniface Illoh —dijo el nigeriano mientras tendía la mano a Sepp en un gesto amigable subrayado por una sonrisa a la que nadie habría negado el calificativo de cautivadora.

—¿Cómo está? —respondió Sepp mientras recibía en su palma la de Illoh y reprimía un gesto de desagrado.

—Me temo que el olor no es el más agradable —comentó Illoh sin abandonar su sonrisa. —Quizá sería más conveniente que nos trasladáramos a mi automóvil.

Sepp sopesó rápidamente la oferta que acababa de formularle el nigeriano. El Mercedes tenía los cristales ahumados por lo que resultaba difícil saber lo que podía encontrarse en su interior. En cualquier caso, no podía permitirse dar la sensación de que tenía miedo o dudas pero, a pesar de que la mafia siciliana era un coro de ursulinas bondadosas si se la comparaba con la nigeriana. Podían rajar, despanzurrar, torturar y acribillar con la misma indiferencia con que se beberían una coca-cola bien fría para calmar la sed. Procurando, por lo tanto, dotar a sus pasos de la apariencia de una calma que no sentía, Sepp se encaminó hacia el vehículo.

Una agradable sensación de frescor le alcanzó nada más abrirse una de las portezuelas traseras. El aire acondicionado funcionaba al máximo de su potencia y, de no haber sido por los dulzones perfumes con que iban embardunados los dos gorilas que estaban arrellanados en el interior, Sepp se hubiera sentido casi satisfecho. Aquella agradable sensación le duró poco. Tanto el hombre que estaba acomodado al lado del conductor como el que ya ocupaba el asiento de atrás mostraban un desagradable y revelador bulto debajo de la axila izquierda. Se trataba del abultamiento que sólo crea un arma corta pero de calibre lo suficientemente grande como para, de un solo disparo, separar del tronco la cabeza de un ser humano.

13

Un alarido causado por un dolor que resultaba más moral que físico rasgó como un cuchillo bien afilado el pesado silencio que flotaba sobre el campamento negrero. A lo largo de las jornadas anteriores los gritos de los esclavos habían constituido un sonido tan habitual durante las horas de la noche que aquel chillido apenas provocó un movimiento de reacción por parte de los desdichados. Por otra parte, se hallaban tan cansados y debilitados por las caminatas y la mala comida que, difícilmente, hubieran podido hacer otra cosa que no fuera gemir de pesar.

Yamil, que yacía al lado de su madre, fue la excepción a aquel comportamiento. Como si deseara guardar en el fondo de su corazón cada detalle de lo vivido, clavó un codo en tierra e incorporó su torso sudoroso para obtener un mayor campo visual. Apenas lo había conseguido cuando contempló cómo una mujer de su aldea comenzaba a correr para apartarse del campamento. La luz era mala pero... sí, no cabía duda de que era ella.

La infeliz era presa de un llanto inaudible más similar al gemido desamparado y melancólico de un perro apaleado que a los lloros de una mujer. Tampoco su paso era más firme. En realidad, se hubiera dicho que sobre sus hombros y espalda pesaba una carga invisible —pero no por ello menos insoportable— que amenazaba con aplastarla contra el polvoriento suelo. Por un instante, Yamil pensó en olvidarse de las normas más elementales de la prudencia y en acudir en su socorro pero apenas había colocado la palma de la mano en tierra para ponerse en pie cuando hasta sus oídos llegó un grito en árabe.

Esta vez, mientras el muchacho volvía la mirada para descubrir el lugar de donde procedía la áspera imprecación[1], los demás esclavos también abrieron los ojos con gesto de espanto. La experiencia les había enseñado dolorosamente el peligro de no escuchar a tiempo una orden pronunciada por los negreros. También les había mostrado lo letalmente peligrosos que éstos podían, así que cuando vieron que todo se relacionaba con una muchacha cerraron los párpados, en parte, para no contemplar el horror que pudiera aguardarle y, en parte, para absorber los últimos instantes de indispensable descanso antes de que se les ordenara reemprender la marcha.

La única persona empeñada en no atender la voz del baqqara fue la joven que lloraba. Todo lo contrario. Le había bastado escuchar aquellas palabras pronunciadas en una lengua que le resultaba ininteligible para imprimir a sus vacilantes pasos un impulso desesperado. Cualquiera que conservara un mínimo de juicio tras aquella infernal travesía habría comprendido que no existía la menor posibilidad de escapar de los baqqara pero resultaba más que dudoso que la muchacha retuviera en su interior algún atisbo de cordura tras los padecimientos

1 Imprecación: De imprecar, proferir palabras con que se expresa el vivo deseo de que alguien sufra mal o daño.

que había experimentado en los últimos días. Sobre ella se habían acumulado los golpes que dejaron no sólo marcas bien visibles sobre su piel oscura sino especialmente sobre su espíritu. Aunque pocas diferencias externas, aparte de la suciedad del camino y de algunos cardenales, hubieran podido encontrarse en ella, lo cierto es que distaba mucho de ser la joven mujer que habían cazado los baqqara tan sólo unas jornadas atrás. Precisamente por eso, intentó huir aunque fuera imposible porque más imposible todavía le resultaba regresar.

El negrero gritó una segunda, una tercera, una cuarta vez y entonces se percató de que no sólo los demás esclavos le estaban mirando sino también de que sus compañeros baqqara y, sobre todo Muhammad, tenían los ojos clavados en él. En esa fracción de segundo, lo que era simplemente una cuestión entre él y una esclava había pasado a convertirse en una delicada cuestión de poder. El baqqara no había estudiado ciencias políticas en ninguna universidad y si hubiera escuchado la palabra psicología no habría podido decir a que se refería. Sin embargo, su instinto agudamente desarrollado le hizo ver que, a menos que doblegara la voluntad de la mujer, quedaría en ridículo ante los demás negros y comprometería fatalmente su posición ante sus compañeros y su jefe. De los primeros quizá sólo tendría que temer el desprecio pero de los segundos podría recibir el despido e incluso una puñalada por la espalda que les permitiera quedarse con su parte del botín. Fue la consciencia de lo que se estaba jugando lo que impulsó a Gamal a cerrar los labios y regresar con paso rápido hasta el lugar donde se encontraba unos minutos atrás con la esclava.

Cuando Yamil volvió a verlo, el baqqara sujetaba —más bien oprimía— en la mano derecha un Kalashnikov. Un desasosegante respingo de alarma sacudió la espina dorsal del muchacho. Su instinto, desarrollado durante los últimos tiempos, le avisaba de que el peligro que se cernía sobre la muchacha era tan letal y afilado como una navaja de afeitar.

Gamal, el baqqara, volvió a chillar pero esta vez no esperó a que la mujer —que apenas podía arrastrar los pies— respondiera. Nada más gritar, se llevó el Kalashnikov a la cara y apuntó. Luego apretó el gatillo y dejó escapar un solo disparo. Yamil contempló entonces la flor de sangre que se abrió, ancha y roja, en la espalda de la muchacha, fruto directo de una reducida pero incontenible explosión.

El cuerpo de la esclava basculó hacia adelante al penetrar el proyectil en uno de sus omóplatos. Sin embargo, mientras los otros esclavos se rebullían aterrados y dejaban escapar los primeros murmullos de pavor, la mujer no se detuvo. Aspiró una bocanada de aire como si con el oxígeno deseara también absorber nuevas fuerzas y dio un par de pasos más sin volver el rostro. Gamal apretó entonces los dientes reprimiendo un gesto de contrariedad e inmediatamente volvió a disparar.

El nuevo impacto estuvo a punto de lanzar a la joven contra el suelo. A pesar de ello, como si una mano que nadie podía ver apuntalara aquel cuerpo brutalmente castigado, la mujer no se desplomó sino que aún acertó a dar un paso más, un paso inseguro, vacilante, que apenas la apartó del lugar donde se encontraba pero en el que se reflejaba sin ningún género de dudas que algo en su interior no había sido aplastado por la despiadada disciplina de los negreros.

La faz atezada de Gamal palideció al contemplar aquella nueva manifestación de resuelta independencia. Apretó con fuerza el arma y esta vez del cañón brotó no un disparo sino una ráfaga. Cuando las balas atravesaron el cuerpo de la muchacha, ésta se convulsionó como si la sacudiera una descarga eléctrica. Si Yamil hubiera contemplado alguna vez un rosal habría pensado que un ramo carmesí se había extendido a una velocidad prodigiosa por la espalda de la joven pero desconocía hasta la existencia de aquellas flores y sólo se le ocurrió pensar que la sangre ansiaba abandonar aquel cuerpo que tantos tormentos había experimentado.

Mágicamente, la destrozada mujer se mantuvo en pie y pareció que continuaría caminando tan obcecadamente como lo había hecho hasta ahora. En ese breve instante, los negros y los baqqara, Amina y Yamil, Gamal y Muhammad contuvieron la respiración a la espera de que algo prodigioso, tan prodigioso como la resistencia de aquella mujer, sucediera ante ellos. Sin embargo, no aconteció nada excepcional. La cabeza de la muchacha se balanceó e inmediatamente el cuerpo cayó al suelo como si fuera un fardo pesado e inerme.

Gamal y Muhammad llegaron casi al mismo tiempo al lugar donde yacía la esclava. La vida se le escapaba a borbotones por las heridas, por las ventanas de la nariz, por los labios entreabiertos pero una respiración trabajosa indicaba que la fuga aún no era completa. Gamal lanzó una mirada de desprecio sobre la mujer y a continuación le asestó una patada en el costado. Un gemido apenas audible dejó constancia del dolor que ahora se había añadido a los que ya padecía la joven. El baqqara no deseaba ocasionar nuevos tormentos sino acabar de una vez con aquel penoso episodio. Convencido de que su jefe lo observaba pero sin osar volverse hacia él, Gamal apoyó el cañón del Kalashnikov en la sudorosa sien de la agonizante negra y luego oprimió el gatillo. Una detonación seca, similar a la de una botella de champán que acabara de ser descorchada, indicó que los padecimientos de la esclava habían concluido.

Cuando el baqqara levantó la vista de su víctima sus ojos oscuros se cruzaron con los de Muhammad. Su jefe distaba de estar satisfecho aunque tampoco se encontrara especialmente disgustado. No resultaba tan extraño. Había sido precisamente él quien le había indicado que podía aprovecharse de aquella esclava y ahora no le echaría en cara el haberla castigado por su indisciplina. Sí, la había matado y era una pérdida pero hubiera sido mucho peor que los demás creyeran que podía salirse con la suya. Bien mirado, lo que Gamal acababa de llevar a cabo no era sino una acción meritoria y, sobre todo, práctica dada la posible actitud futura de los esclavos.

Un muchacho de catorce años, sucio, hambriento y cansado, se llevó el dorso de la mano a la cara y se enjugó las lágrimas que le caían abundantemente de los ojos. Había contemplado todo el episodio y la visión de la mujer deshecha por las balas había removido en su interior un pesar que en las últimas horas creía casi dominado. Como fuera, tenía que liberar a los seres que amaba y que ahora estaban sometidos a la fuerza de los baqqara.

Con ese pensamiento agitándose en su cabeza, Amir cerró los ojos, se restregó por última vez la cara y decidió que debía comer algo para luego continuar tras el rastro de la caravana. Sin embargo, cuando, finalmente, Amir abrió los párpados, descubrió a escasos centímetros de su pecho el cañón negro y reluciente de un fusil ametrallador.

TERCERA PARTE

LA TRANSACCIÓN

14

Aunque lo deseaba con todas sus fuerzas, Sepp no logró conjurar el sentimiento de temor que se había apoderado de él al ver a los dos gorilas de Boniface Illoh. No se trataba únicamente de sus pistolas. En realidad, aquellos hombres estaban tan adiestrados en el arte de arrancar la vida al prójimo que no hubieran necesitado disparar un solo tiro para expulsarlo de este mundo. Un golpe bien asestado en el plexo solar, en la base del cuello, en el bocado de Adán y Sepp no volvería a ver las soleadas playas de Mallorca. El hecho de que fuera un extranjero, de que incluso hubieran realizado negocios en el pasado no sería ningún obstáculo para que lo mataran. Su única oportunidad de supervivencia radicaba en que ambas partes estuvieran de acuerdo en el negocio que iban a concluir. En otras palabras, que consideraran que era mejor conservarlo con vida que degollarlo.

—Mr. Illoh —dijo Sepp aparentando una serenidad de la que carecía por completo—. He estado hablando con uno de sus hombres sobre el origen de los chicos y el destino que les espera. Me dijo que me entregaría una relación detallada.

Por un instante tan solo, los ojos, negros como el azabache, del nigeriano se clavaron en el rostro blanco de Sepp Heide. Luego, sin apartar la mirada del alemán, levantó la mano izquierda y chasqueó los dedos pulgar y corazón.

Como si se tratara de una orden imposible de eludir, uno de los gorilas se metió la mano en el interior de la americana y extrajo un sobre. Sepp reprimió un gesto de repugnancia surgido de la certeza de que los papeles estarían mancillados por el sudor del africano. Sin embargo, ahora no podía permitirse tener remilgos. La menor sospecha de que sentía asco hacia los nigerianos podía costarle la vida. Venciendo la náusea que le subía insoportable desde el estómago hasta la garganta, Sepp extendió la mano izquierda y agarró el sobre. Lo abrió, extrajo los papeles pulcramente mecanografiados y comenzó a examinarlos.

Un ligero temblor se empeñaba en enroscarse a sus dedos pero Sepp se concentró para evitar que se tradujera en un vergonzoso movimiento de los papeles que sujetaba. A continuación fue leyendo los renglones interminables. Se trataba de una lista de nombres extraños para Sepp en la que, en inglés, se consignaba sucintamente el lugar de origen, la manera en que habían sido adquiridos y el dinero que se había pagado por ellos.

Terminada la lectura a Heide le asaltó el pensamiento de que lo contenido en aquellos papeles podía ser una absoluta falsedad y que, si tal era el caso no tenía mayor importancia. Ni a él ni a los hombres para los que trabajaba les importaba, al fin y a la postre, la suerte de aquellos muchachos. Si ése hubiera sido el caso no comerciarían con ellos como si se tratara de una mercancía más. No. Su preocupación no derivaba de ningún impulso humanitario. Lo único que pretendían era disminuir riesgos, obligar a los codiciosos africanos a buscar una razón legal que tapara el hecho de que esclavizaban a los niños y evitar así dejar demasiadas pistas a una policía que, en ocasiones, decidía cumplir con su deber.

Revisó ahora con más rapidez los folios y, tras levantar la mirada del papel, dijo con una sonrisa que pretendía ser tanto amable como cómplice:

—Tengo la sensación, Mr. Illoh, de que vamos a concluir un negocio que nos beneficiará a ambos.

Illoh devolvió el gesto amable dejando al descubierto dos hileras de dientes extraordinariamente blancos.

—Imagino, Mr. Illoh, que ya tiene decididos los destinos... —dijo Sepp Heide.

—Sí, por supuesto, por supuesto —respondió Illoh—. Los muchachos de más de ocho años irán en bloque a los campos y al servicio doméstico en Benín. Se distribuirá a todos en camiones y pasarán la frontera con facilidad. Tenemos contactos entre la policía de aduanas desde hace varios años.

Sepp guardó silencio. No tenía la menor duda de que la mafia nigeriana había distribuido los sobornos necesarios como para que unas docenas de niños pasaran ante los ojos de la policía sin provocar problemas.

—Los niños de menos de ocho años irán a Egipto —prosiguió Illoh—. Su estatura es la ideal para emplearlos en los campos de flores destinadas a elaborar perfumes. Los que sobrevivan a esas tareas podrán ser revendidos después con destino a los países del Golfo.

—¿Y las hembras? —preguntó Sepp utilizando un término que decía bien a las claras la consideración que le merecían las esclavas de sexo femenino.

—Las menores de trece años —respondió el nigeriano— realizarán sus servicios en hogares de Benín. Las que superen esa edad serán enviadas a Europa. Usted viene de España, ¿verdad?

Sepp Heide respondió afirmativamente con un movimiento de cabeza apenas perceptible.

—En los últimos años —prosiguió Illoh— hemos enviado a centenares de nuestras esclavas a España. Es un negocio fácil y sin peligro porque casi siempre llegan con su pasaporte y su visado en regla.

—Tengo entendido que hace unos meses las autoridades de Togo sancionaron al consulado italiano al descubrir que entregaba visados a algunas... esclavas —interrumpió Heide.

Una sombra rápida que cubrió por un instante la mirada de Illoh sirvió al alemán para darse cuenta de que no le había gustado en absoluto aquel comentario. Precisamente por eso Heide experimentó movimiento de cabeza un cosquilleo interno de satisfacción. Lejos de tener miedo, se sentía ahora provisto de un dominio de la situación que aquellos gorilas con traje y corbata no podrían disfrutar jamás.

—Nada de eso tiene importancia —reaccionó al final el nigeriano—. Cuando se cierra una tienda, se busca otra y se compra en ella lo necesario.

Sepp se mantuvo callado esta vez. Sí, aquel africano había expresado a la perfección el espíritu que les movía. Compraban seres humanos o para que fueran esclavos o para que, convenientemente sobornados, cerraran los ojos ante aquellas atrocidades. Hoy era Togo y mañana podía tratarse de cualquier otro país. El origen era secundario. Lo verdaderamente importante era el negocio.

—Hablando de pagos... —continuó Illoh.

—Las cantidades se abonarán en los bancos de siempre —respondió Heide—. Bancos europeos, claro está.

—No hay inconveniente —subrayó Illoh sonriente. La organización para la que trabajaba hacía décadas que había pasado el estrecho de Gibraltar y veía con buenos ojos el disponer de liquidez en la banca de la Unión europea. Esa circunstancia facilitaba la realización ulterior de operaciones delictivas de envergadura. La policía podía después quebrarse la cabeza intentando detectar el origen de aquel dinero encaminado únicamente a realizar negocios ilegales.

—Bien, Mr. Illoh —dijo Sepp Heide fingiendo una cordialidad que en absoluto sentía por el nigeriano —Creo que todo ha quedado ya resuelto. Ahora si me lo permite...

Illoh sonrió de manera condescendiente y tendió la mano al alemán que se la estrechó con una calidez fingida.

—*Aufvidersehen, Herr* Heide —dijo Illoh con un acento no del todo imperfecto mientras con la mano izquierda accionaba el dispositivo de apertura situado en la portezuela del automóvil.

Precedido por su interlocutor, Heide abandonó el vehículo. Procuró hacerlo de una manera que no permitiera traslucir el profundo malestar que había sentido durante los primeros minutos transcurridos en su interior. Una vez fuera, dirigió la mirada hacia los nigerianos y cuadrándose como si fuera un oficial se llevó dos dedos a la frente en un saludo que recordaba vagamente al de los boys-scouts. A través de la rendija que dejaba la puerta entreabierta del automóvil, Illoh le devolvió el saludo agitando una mano que a Sepp se le antojó casi tan enorme como una pala de recoger nieve.

Girando sobre sus talones, Sepp Heide se dio la vuelta y expulsó un resoplido de alivio por la comisura de los labios. Su tiempo con aquellos simios había concluido. Con un poco de suerte en menos de cuarenta y ocho horas estaría tostándose bajo el sol balear.

15

La mujer y la muchacha buscaron el sueño después de aquel día agotador. Si hubieran vivido en un país occidental, la primera sería una persona joven que, seguramente, aún no habría dado a luz a su primer hijo. En cuanto a la segunda, no habría pasado de ser una adolescente ocupada de las últimas modas y con todo un futuro de estudios y trabajo extendiéndose delante de ella. Sin embargo, ninguna de las dos vivía en un país occidental. Por ello, la primera, con poco más de treinta años, ya había tenido dos hijos y perdido otros dos en malos partos. De hecho, si su esposo no hubiera sido asesinado, habría aspirado a darle, como mínimo, dos o tres hijos más. Por lo que se refería a la joven, tenía la edad ideal —trece años— para que sus padres acordaran su matrimonio y para que lo contrajera cuanto antes. Con un poco de suerte, al año siguiente a la boda podría alumbrar un nuevo ser y dejar así de manifiesto que era capaz de transmitir la fuerza de la vida a otra generación. Ahora, la existencia de ambas —la de Amina y la de la madre de Amir y Yamil —había quedado cruelmente truncada al convertirse en esclavas y junto con su libertad también se habían transformado en humo sus sueños más acariciados.

Ambas podrían haber pensado en lo que habían perdido, en lo que había quedado atrás, en lo que seguramente nunca volverían a ver. Sin embargo, ninguna de esas consideraciones ocupaba sus mentes. Sólo deseaban cumplir con la misión que desde hacía miles de años descansaba sobre los hombros de las mujeres dynkas. Ellas eran las únicas que podían lograr que la existencia de la tribu se renovara paso a paso.

Ahora, envueltas en una noche que siempre había sido cálida y que, repentina y despiadadamente, se había convertido en opresiva y asfixiante, intentaban transmitirse con la cercanía una esperanza de que todo cambiaría y de que la vida regresaría a su cauce. Mientras se sujetaban las manos y, ocasionalmente, se las apretaban para infundirse aliento, la madre suplicaba a Dios que cuidara del hijo que estaba fuera de la aldea cuando llegaron los baqqara, un muchacho que debía seguir viviendo para transmitir el nombre de su familia a sus propios descendientes. Por su parte, la muchacha pedía que, por lo menos, quedara en ella la fuerza para concebir nuevos seres que le permitieran demostrar que no era un ser inútil sino un eslabón precioso en la cadena de la vida.

Si hubieran nacido en Occidente, su esperanza de vida habría bordeado los ochenta años e incluso en algunos países hubiera podido ser aún mayor. Sin embargo, la época, el lugar, las circunstancias en suma habían condenado a las dos mujeres a una media de años que apenas superaba las cuatro décadas.

Con todo, aquella diferencia terrible no las agobiaba entre otras razones porque la desconocían y si alguien les hubiera dicho que una mujer podía vivir tanto tiempo hubieran sonreído incrédulas creyendo que intentaban burlarse de ellas. Para ellas, lo importante no era tanto vivir más como cumplir con lo que consideraban una misión sagrada y así, la madre y la joven, se apretaron la una al lado de la otra pensando que, quizá, no todo estaba perdido; que, quizá, podrían seguir el camino trillado de las mujeres africanas que las habían precedido durante siglos; que, esclavas o libres, llevarían a cabo su empeño con la ayuda del Dios que había creado la vida.

Cuando, finalmente, el sueño se apoderó de ellas, ambas pensaban en Amir. Para una, era el resultado último de su capacidad de aportar algo a la rueda fecunda e interminable de la existencia; para la otra, se trataba de la persona a la que deseaba como padre de sus hijos. Sin embargo, Amir caminaba en esos momentos no por el sendero fecundo de la vida sino por la línea tenue y estrecha que bordea los abismos de la muerte.

16

Amir alzó la mirada que había posado sobre el negro y reluciente cañón. En contra de lo que había temido al contemplar el arma tan cerca de su cuerpo lo que ahora veía no era un baqqara completamente vestido de blanco sino un negro de una tonalidad muy cercana a la suya ataviado con una ropa de colores mezclados y extraños semejantes al tono que adopta la tierra cuando sobre ella domina la penumbra. Era la primera vez que Amir tenía ante los ojos ropa militar de camuflaje y no pudo evitar sentir un cierto estupor.

—Levanta las manos. ¡Vamos! —dijo con un susurro autoritario el recién llegado a la vez que subrayaba sus palabras con un movimiento de su arma.

Amir escudriñó con la mirada al sujeto que le apuntaba. No podía ser mucho mayor que él. A buen seguro que de no haber mediado entre ambos aquel arma hubiera intentado propinarle un buen empellón para, acto seguido, echar a correr. Sin embargo, la escena que había contemplado hacía tan sólo unos instantes le había mostrado de manera más que sobrada el poder letal de aquellos artefactos. No. No podía permitirse el lujo de dar un paso en falso. Si lo hacía, aquel muchacho de su edad podía matarlo y a juzgar por su mirada, dispararía sin pestañear.

—Así está mejor —dijo el joven del fusil al observar que su inesperado prisionero alzaba las manos —Ahora ponlas sobre la cabeza.

Sin despegar los labios ni realizar ningún movimiento que pudiera ser malinterpretado, Amir obedeció la orden que le acababan de dar.

El muchacho armado reprimió la satisfacción que pugnaba por salírsele por cada poro de su ser. Aquel joven era su primer prisionero y todo parecía estar discurriendo de una manera mucho más sencilla de lo que hubiera pensado nunca. Intentó exhibir un gesto de ferocidad y, a continuación, indicó a su presa hacia donde tenía que moverse.

Amir experimentó una sensación de alivio al darse cuenta de que la dirección escogida por su captor era diametralmente opuesta a la seguida por la caravana de esclavos. No obstante, aquel sentimiento se trocó por otro de ansiedad irreprimible al comprender que se estaba alejando de su madre, de su hermano y de la joven que le había robado el corazón. Esa punzante y dolorosa constancia fue la que le impulsó a intentar entablar conversación con el muchacho que le había capturado a punta de fusil.

—Yo soy dynka —dijo Amir—. Me parece que tu también lo eres. ¿No crees que podrías dejarme bajar las manos?

—¡Cállate! —dijo con un gruñido el muchacho a la vez que le hundía el cañón en las costillas.

Amir decidió que era más prudente guardar silencio y esperar a ver lo que sucedía.

No hubiera podido precisar las horas que estuvo caminando con las manos apoyadas sobre la tapa de los sesos pero debieron ser bastantes porque dio tiempo al sol para que alcanzara su zenit. Acababa

Amir de reparar en ello cuando una voz situada a su espalda le ordenó que se detuviera.

—¿Puedo bajar...?

—¡No! —cortó tajante el muchacho armado—. Harás lo que yo te diga cuando te lo diga.

Amir sintió una oleada de irritación pero, prudentemente, la reprimió. En ese momento, su captor volvió a situarse ante su vista. Llevaba colgado el fusil del cuello aunque mantenía la diestra cerca del gatillo. Inesperadamente, se llevó la mano izquierda hasta la boca y emitió un silbido que a Amir le recordó el que lanzaba una de las aves que vivían entre los árboles. Durante unos instantes, los dos muchachos permanecieron callados mientras sólo el silencio respondía a la llamada del que iba armado. Amir percibió un gesto de fastidio en el rostro de su captor pero simuló no haberlo visto. Con aspecto impaciente, el muchacho golpeó el suelo con la punta de su pie derecho. Luego volvió a repetir el canto de pájaro que había imitado poco antes.

Apenas lo había hecho, cuando Amir pudo captar un silbido muy similar aunque emitido en un tono menor. Había sido tan nítido que el prisionero rechazó la posibilidad de que se tratara del eco. En realidad, no le cabía duda alguna de que su guardián había dado con la persona a la que estaba buscando. No se equivocaba. Tras un par de minutos —minutos que a su acompañante le parecieron eternos—, y de entre la maleza emergieron otros dos muchachos armados y uniformados de una manera semejante. Entonces, el adolescente que le había capturado se cuadró militarmente y, llevándose con enorme energía el canto de la mano hasta la frente, saludó. Amir desconocía por completo lo que significaba aquel gesto, aunque en su interior le decía que resultaba carente de naturalidad, que tan forzado e incluso teñido por la exageración, que no se correspondía con el comportamiento que cabría esperar en unos chicos de su edad.

Cavilaba sobre estas cuestiones cuando escuchó cómo el muchacho que lo había mantenido encañonado durante las horas anteriores informaba de su captura. De buena gana hubiera protestado por los tonos épicos que imprimía a aquel enojoso episodio pero, al final, optó por mantener la boca cerrada para evitarse nuevas complicaciones. Fue entonces cuando el joven ante el que se había cuadrado su captor le dirigió la mirada y dio unos pasos hacia él.

Al tenerle cerca, Amir se percató de que era algo más alto que él y también más delgado. Lo que más llamaba la atención era la anchura de sus espaldas y la manera en que llevaba colgado de su hombro un arma que al prisionero le pareció que debía tener un peso enorme pero que a juzgar por el gesto que había pintado en el rostro de su dueño daba la sensación de ser liviana como una pluma.

—No debes tener miedo —sonó una voz acusadamente impostada—. No te encuentras en manos de malhechores o de los baqqara. Todos nosotros pertenecemos al Ejército de liberación del pueblo del Sudán.

17

El oficial del Ejército de liberación del pueblo del Sudán cambió la mano sobre la que apoyaba el mentón. Llevaba ya más de tres cuartos de hora escuchando el relato de Amir sobre la destrucción de su aldea y la cautividad de su familia. Durante el tiempo que había durado la narración sólo en media docena de ocasiones se había permitido interrumpirla formulando algunas preguntas destinadas a aclarar aspectos secundarios. Ahora la historia llegaba a su conclusión. Amir se sintió tentado de aprovechar aquel momento para quejarse de la manera en que su captor —un soldado del que había sabido que se llamaba Garstang— le había obligado a caminar con las manos colocadas sobre la cabeza, sin permitirle descansar ni ofrecerle un sorbo de agua. Sin embargo, aquel sexto sentido relacionado con la prudencia que tanto se le había desarrollado en los últimos días le impidió pronunciar la más mínima queja.

—Y eso fue todo, señor —dijo por último Amir y quedó a la espera de una reacción del que, al parecer, era jefe de aquellos soldados.

Su interlocutor, un adolescente de diecisiete años, elevada estatura, frente enorme y calvicie incipiente al que había oído que se dirigían con el sobrenombre de capitán Raphael, permaneció en silencio durante unos instantes. Luego apartó la cara de la palma de la mano y se frotó suave y lentamente el mentón con gesto pensativo. Finalmente, colocó ambas manos sobre las rodillas, irguió la espalda y dijo en tono solemne:

—Seguramente, Amir, tú no sabías nada de lo que sucedía en este país antes de que los baqqara del norte atacaran tu aldea.

Amir hubiera podido contestar afirmativamente pero optó por permanecer callado. Quizá el capitán Raphael tenía intención de comentarle algo sobre el destino de su familia y eso era lo que realmente le importaba.

—Ahora, aunque haya sido de manera amarga —prosiguió el oficial— ha llegado el momento de que despiertes. Hayas pasado o no por la ceremonia de iniciación de tu tribu, ya no eres un niño. La desgracia te ha convertido en un hombre y lo que es más importante en un hombre que está adquiriendo conciencia política, que sabe lo que realmente pasa en su país.

No. Amir no sabía lo que pasaba y sobre todo tenía enormes dificultades para poder seguir las frases pronunciadas por su interlocutor. No lo entendía porque si bien hablaba con palabras que pertenecían a su lengua, las mezclaba con otras extrañas e imposibles de comprender.

—En realidad —continuó el capitán Raphael— has sido afortunado. Muy afortunado porque la desgracia que ha recaído injustamente sobre ti te servirá para comprender el mundo oprimido en el que vivimos.

El oficial realizó una pausa, alargó los brazos, abrió las palmas de las manos como si fuera a sostener con ellas un objeto invisible y entonces, de manera inesperada, comenzó a moverlas hacia adelante y hacia atrás como si fueran las ruedas de un tren o los émbolos de una máquina con la intención de apoyar y remachar todas y cada una de sus palabras.

—Al norte —dijo— se encuentra el gobierno de Jartum, un gobierno que nos esclaviza y que desea acabar con nosotros simplemente porque no somos musulmanes ni tampoco árabes.

Amir escuchó aquellas palabras y pensó que seguramente correspondían a la verdad. Ciertamente nadie en su poblado creía en el islam o era árabe; por el contrario, los que lo habían destruido esclavizando a sus pobladores no eran negros y si procedían del norte seguramente serían musulmanes.

—Contra ese gobierno tiránico y opresor —prosiguió el capitán Raphael— se ha alzado el esfuerzo entusiasta y sentido del pueblo sudanés que, como un solo hombre, busca derrotarlo y conseguir nuestra independencia nacional. Se trata de una independencia nacional que afirmamos no sólo contra el gobierno corrompido de Jartum sino también contra todas las potencias que pretenden oprimirnos. En primer lugar, por supuesto, las occidentales, a saber, Gran Bretaña, Francia y, sobre todo, los Estados Unidos. Ésa es nuestra causa, la del pueblo sudanés. A esa causa te llamamos. A esa causa debes unirte.

El capitán Raphael tenía una sonrisa triunfal pintada en el rostro cuando terminó su arenga pero Amir se sentía más confuso que nunca. Alguna vez había escuchado hablar de Jartum como la capital de su país. Incluso tenía una vaga idea de que era sudanés pero no sabía que la gente como él se encontrara en guerra con el gobierno y mucho menos que en esa lucha tuvieran también que enfrentarse a los occidentales y a todos esos pueblos que el capitán Raphael acababa de mencionarle, pueblos que debían ser muchos pues de uno de ellos había dicho que ya iban de por si «unidos». A pesar de no entender nada de lo que acababa de escuchar, Amir se sentía especialmente desorientado tras escuchar que aquella era la lucha del pueblo y que a ella debía unirse. ¿La de qué pueblo? No, desde luego, la del suyo que había sido arrasado y cuyos habitantes se encontraban ahora o muertos o esclavizados. Por lo que se refería a la idea de unirse a la gente de este hombre que hablaba de manera tan extraña...

—Como ves, muchacho —continuó pletórico de orgullo el capitán Raphael— no puede esperarte un destino mejor, el de servir al pueblo, tú que eres un hombre que pertenece a ese pueblo y que no te has visto contaminado por los hábitos pequeño-burgueses.

Amir dio un respingo al escuchar la última frase. No. Él no estaba contaminado en absoluto. Incluso durante los últimos días se había guardado mucho de mantenerse limpio porque sabía que la pulcritud era una garantía de supervivencia en un mundo terriblemente duro y complicado. Sin embargo, la sola mención de aquellos terribles seres que debían ser «los hábitos pequeño-burgueses» le había provocado un escalofrío de malestar. Ciertamente, eran innumerables los peligros que acechaban una vez que se abandonaba una aldea...

—El soldado Garstang te dará ahora de comer —concluyó el capitán Raphael mientras se ponía en pie y levantaba el mentón con gesto pomposo—. Luego comenzará tu entrenamiento. Un día, muy pronto, tú también formarás parte de los soldados victoriosos que anuncien alegres al pueblo del Sudán que hemos ganado la libertad.

18

John examinó los talegos de tela que descansaban desganadamente en un extremo de la habitación. Su aspecto redondo, casi hinchado, habría llevado a pensar que su carga era harina o cualquier otro material que pudiera llenarlos sin dejar apenas resquicio libre en su interior. Sin embargo, lo que se ocultaba en aquellos recipientes de burda tela era algo muy diferente. El pensar en ello transportó a John a un mundo situado cronológicamente en una época anterior y geográficamente en un universo muy distinto.

En su juventud, John se había dedicado a la historia y, ocasionalmente, había pensado en la posibilidad de viajar a alguno de aquellos países cuyas culturas había estudiado. No se había tratado más que de un sueño propio de tantos estudiantes de humanidades afincados en cualquier parte del mundo. Con un poco de suerte, algunos de ellos conseguían visitar España, Francia, Italia o, a lo sumo, Grecia u Oriente Medio en vacaciones; hasta ahí llegaban en sus incursiones por el extranjero. A fin de cuentas, la India, Myanmar o Hong-Kong ya no formaban parte de los territorios vinculados al Reino Unido. Con todo, ni siquiera en sus divagaciones más imaginativas hubiera pensado John que viajaría hasta territorios situados cerca de las fuentes del Nilo y menos aún que lo haría internándose de una manera semi clandestina en Sudán partiendo del territorio de Kenya.

De todas formas, la mayor diferencia entre lo que ahora estaba viviendo y lo que hubiera podido imaginar en sus años de estudiante no se refería al lugar sino a la ocupación. Tras graduarse, John se dedicó durante años a la investigación histórica y a la enseñanza, dos tareas que, en buena medida, le habían proporcionado un grado de felicidad superior al que disfrutaba la mayoría de los habitantes de su planeta. Sólo al superar los cuarenta años, había comenzado a sentir que aquel mundo tranquilo y sin complicaciones le resultaba insuficiente. Fue como si, poco a poco, empezara a percatarse de que se le había convertido en algo estrecho y asfixiante igual que le sucede al adolescente que saca del armario la ropa del verano anterior y descubre que ya no es capaz de meterse en ella.

A esa edad no son pocos los hombres que comienzan a cuestionar la existencia que han llevado hasta ese momento y que ansían cambiarla temiendo que la muerte acabe sorprendiéndolos atrapados en una vida que no les gusta. A pesar de ello, son muy pocos los que cuentan con el arrojo suficiente para abandonar todo lo que han conseguido hasta ese momento, generalmente con enorme esfuerzo, e intentar buscar otra alternativa. John sí se atrevió a lanzarse al vacío y en dar ese paso tuvo un peso decisivo el conocimiento que llegó, casualmente, a sus manos acerca de las fortunas que se estaban amasando en medio mundo gracias al negocio de la esclavitud.

Acababa de terminar la redacción de una ponencia de tema histórico cuando, buscando distraerse un rato del trabajo, echó mano de una revista de información general. Durante un buen rato paseó desganadamente los ojos por los distintos artículos, entrevistas e informaciones. Fue entonces cuando su mirada se detuvo en un reportaje relacionado con la situación política del Sudán. Así, se enteró de que unos dos millones de negros, de una población inicial no superior a seis millones, habían muerto en el sur y el centro del país como consecuencia de las acciones del gobierno islámico de Jartum. Los otros cuatro millones se habían visto sujetos a desplazamientos indeseados. Las muertes de los negros se habían producido en algunas ocasiones en el curso de episodios de extremada crueldad. Por ejemplo, en 1987 más de un millar de dynkas sin ninguna relación con las fuerzas armadas o el uso de la violencia fueron asados vivos en vagones de ferrocarril situados en la aldea de Al Diein. El resto del reportaje constituía un rosario de atrocidades que habrían encontrado paralelos en otras guerras recientes como las de Bosnia y Kosovo, y, precisamente por lo repetido, John estuvo a punto de no concluir la lectura y saltar rápidamente a otra página. Si no sucedió así se debió a una circunstancia especial. Su mirada tropezó con una columna lateral donde se hacía referencia expresa a la esclavitud y a las implicaciones económicas que tenía. Ese hecho sí que resultaba algo excepcional. En otros conflictos había asesinatos, saqueos, maltratos y torturas que recaían sobre los prisioneros o la población civil pero esclavitud... Durante el siguiente cuarto de hora, John leyó la columna una y otra vez. Comenzaba así un prolongado camino de investigación que se extendería a lo largo de los próximos meses.

Mientras reunía una auténtica biblioteca sobre el tema de la esclavitud contemporánea, John fue captando con una precisión envidiable todos los aspectos relacionados con ella. Los había políticos, religiosos, sociales, raciales y, de manera muy especial, económicos. La esclavitud constituía un extraordinario negocio, de hecho, el primer negocio mundial en lo que a actividades lucrativas se refiere. Ni el comercio ilegal de armas ni el tráfico no menos ilegal de drogas podía compararse con aquel río de oro que era desconocido por la mayoría y que discurría de manera absolutamente subterránea enriqueciendo fabulosamente a los que, carentes de escrúpulos, estaban dispuestos a navegar en él. Aquel descubrimiento cambió la vida de John. Una tarde, se encontraba consumiendo una taza de té cuando, de repente, fue conciente de que su vida iba a quedar vinculada en los años siguientes al negocio de la esclavitud.

Durante un tiempo, John experimentó dudas acerca del lugar hacia el que debía dirigirse para entrar en contacto con aquel cosmos creado con sangre y lágrimas, que rendía beneficios incomparables. Pensó en Tailandia donde los padres venden a sus hijas a partir de los cuatro o cinco años; en Pakistán donde la esclavitud es legal y ningún gobernante reciente ha logrado erradicarla porque los intereses sociales relacionados con su continuación son muy poderosos; en Benín donde resulta fácil convencer a las familias para que envíen a sus hijos a la ciudad como trabajadores domésticos ignorando que los convertirán en esclavos. Sopesaba estas múltiples posibilidades cuando a su mente acudió el recuerdo de Sudán y decidió que aquel era el lugar idóneo para él.

Su primer viaje a Sudán no pasó de ser una toma de contacto pero se reveló repleta de oportunidades para el futuro. John era británico, blanco, no apoyaba ningún discurso en el que se culpara a Occidente de todos los males del mundo y, desde luego, ni se había convertido al islam ni había barajado jamás esa posibilidad. A pesar de que esas circunstancias que hubieran podido interpretarse negativamente no le resultó difícil entablar contacto con los traficantes de esclavos ni éstos mostraron el menor reparo en llevar a cabo con él transacciones que, a decir verdad, se reducían a comprar y vender seres humanos.

Fue en aquel primer viaje cuando los traficantes —encantados de llevar a cabo negocios con un británico— le dieron dos consejos. El primero fue que se buscara a un sudanés que pudiera actuar de intérprete cuando tuviera que dirigirse hacia el sur. Aquella —le dijeron— era una tierra sin civilización, aún en manos de los negros y, por ello, desconocedora de lenguas como el árabe o el inglés. El segundo consistió en recomendarle que no entrara en el país utilizando siempre el mismo camino. Los gobiernos cambiaban, los jefes de policía ocasionalmente eran trasladados a otro destino y, lamentablemente para un negocio tan serio como aquel, en algunos casos los que venían a sujetar las riendas deseaban favorecer a su propia gente y a sus amigos más cercanos. El variar los accesos quizá le causaría alguna inseguridad, pero le permitiría sortear los molestos e inevitables cambios de la fortuna.

Inicialmente, John pensó que no conseguiría dar con ese intérprete con facilidad. La realidad le mostró que se trataba de una tarea fácil. Tras algunos sondeos logró entrar en contacto con un sudanés llamado Nur. En menos de cuarenta y ocho horas, los dos se dirigieron hacia el sur en su primera expedición de compra, expedición que se zanjó con un éxito que sorprendió a John a pesar de las informaciones que había ido reuniendo durante los meses anteriores. Lo que sucedería en los tiempos siguientes no pasaría de ser una repetición de aquel primer viaje. Por supuesto, el precio de los esclavos fluctuaba hacia arriba o hacia abajo según la escasez o la abundancia de capturas pero el sistema de localización, regateo, pago y adquisición se mantuvo de una manera que casi hubiera podido calificarse de rutinaria.

Un ruido rápido y seguro arrancó a John de sus reflexiones. Levantó la mirada y contempló la figura de Nur, su asistente, que entraba en la habitación. El recién llegado no abrió los labios pero llevaban tanto tiempo juntos que le bastó contemplar la expresión de sus ojos para saber que había llegado el momento de salir para llevar a cabo la nueva transacción. Casi instintivamente, John dirigió la mirada hacia los talegos de tela que había apoyados en la pared. Un extraño al negocio de la compra y venta de esclavos quizá los habría imaginado repletos de sal, azúcar o especias. En realidad, su carga consistía en fajos enormes, apretados, casi inmensos de libras sudanesas. En su conjunto la cantidad constituía una pequeña fortuna que habrían ambicionado millares de ciudadanos de aquel país africano situado al sur de Egipto y surcado por el Nilo.

19

En los cuatro días que habían pasado desde que el soldado Garstang lo había capturado y el capitán Raphael le había lanzado su primera perorata, la vida le había resultado a Amir en una acumulación incesante de absurdos imposibles de comprender. En primer lugar, mientras le insistían en que estaba en el lugar adecuado en el momento más propicio le arrancaron sus escasas ropas y le entregaron un uniforme similar al que vestían los otros habitantes del campamento. Todos ellos eran muchachos como él —algunos incluso más jóvenes— y no pocos eran dynkas. A pesar de eso, Amir no pudo encontrar en ninguno de ellos algo que los asemejara a él. Sin ningún género de dudas, todos y cada uno de aquellos soldados debían tener una familia, unos seres queridos, una aldea donde habrían visto la primera luz y vivido sus años iniciales. Sin embargo, en sus conversaciones continuas, apresuradas, atropelladas, no aparecía la menor referencia a ninguna de esas cuestiones que para Amir significaban, junto a la existencia de Dios, la totalidad de la vida. Ni la familia, ni el amor, ni las cosechas, ni las enfermedades de los animales, ni la pesca, ni los juegos eran conocidos o, al menos, comentados por aquel ejército de niños vestidos con ropa de camuflaje. De los labios de aquellos guerreros equipados no con lanzas y flechas sino con sofisticadas armas ligeras y lanzagranadas no dejaban de salir expresiones que le resultaban incomprensibles. Sus referencias al «imperialismo», a la «dictadura», a las «potencias enemigas», al «perverso occidente», a la «revolución» y a la «nación sudanesa» no sólo no despertaban el interés de Amir sino que, sin que pudiera saber la razón, le provocaban una sensación de ansiedad tan incómoda como si hubiera contemplado los turbios ceremoniales ejecutados por un hechicero maligno. ¿Es que acaso aquellos muchachos no podían hablar como la gente normal?

Durante el primer día, después de ver estupefacto cómo colocaban un pesado fusil en sus manos aún adolescentes y le indicaban que debía hacer prácticas de tiro, después de repetir de la mejor manera posible un ardiente himno cargado de contenidos nacionalistas y revolucionarios, después de escuchar una conferencia ininteligible pronunciada por el capitán Raphael, Amir tuvo la ocurrencia de preguntar si la liberación que tanto se mencionaba no podría comenzar persiguiendo a los traficantes que se llevaban a la gente de su poblado hacia un destino que ignoraba pero que imaginaba terrible. La respuesta resultó gélida e incluso en los ojos de buena parte de sus presuntos camaradas le pareció a Amir que se desplegaba una mezcla de desprecio y cólera mal contenidos. A continuación, el capitán Raphael le explicó ayudándose de aquellos movimientos ampulosos de brazos y manos que sus ideas eran «reaccionarias» y que ocuparse de la propia familia era un mal «pequeño-burgués»; que no tenía mayor importancia porque ya iría aprendiendo —«estoy convencido de que rápidamente»— lo que era más adecuado «desde el punto de vista de la conciencia social». Cuando el oficial terminó la extraña perorata, Amir sólo había entendido que aquel grupo que tanto hablaba de ayudar al pueblo no movería un dedo para que sus familiares y amigos recuperaran la libertad y sospechaba que a partir de ese momento no resultaría extraño que lo contemplaran de manera negativa.

Mientras consumía por la tarde el rancho no del todo malo que le proporcionaron los muchachos del capitán Raphael, Amir llegó a la conclusión de que lo único sensato que podía hacer era escapar de aquel lugar donde los niños habían dejado de ser niños y no soñaban con pescar o ser como sus padres sino con matar a enemigos de nombres extraños. Tenía que alejarse de un sitio donde la gente se expresaba con unas palabras que resultaban imposibles de entender quizá incluso para los mismos que las pronunciaban y donde, en lugar de aprender a pastorear o a cultivar la tierra o a respetar a sus mayores, se les enseñaba a disparar unas armas que no estaban fabricadas para abatir animales sino para segar la existencia de otros seres humanos. Tan seguro estaba de las conclusiones a las que había llegado que, tras terminar la comida, de buena gana se habría encaminado hacia la salida del campamento y sin despedirse de nadie —¿por qué debería decir adiós a aquel grupo de locos peligrosos?— habría salido de él con la intención de recuperar un rastro que temía perdido. Si no actuó de esa manera se debió a un episodio que se produjo cuando los reclutas del Ejército de Liberación del pueblo sudanés se dirigían a lavar los cubiertos y la escudilla con que habían consumido el rancho.

Amir caminaba hacia la tina de agua no muy limpia cuando contempló cómo a un par de metros de él un muchacho se ponía rígido, envaraba el cuerpo, dejaba caer el platos y los cubiertos y, finalmente, se desplomaba en el suelo.

—¡No puedo más! —comenzó a chillar el joven— ¡Quiero volver a casa! ¡Quiero regresar con mi familia!

La visión de aquel chico caído sobre la tierra ardiente, paralizado como si un poderoso hechicero lo hubiera sometido a un sortilegio y gritando igual que si fuera presa de un espíritu maligno inmovilizó a Amir. Deseaba correr en ayuda del infeliz, colocarse a su lado, intentar calmarlo pero, sin poder evitarlo, él también se vio sometido a un estupor invencible que lo paralizó.

Aquel sobrecogedor espectáculo no duró mucho. Surgidos de un lugar oculto a la vista, dos soldados cayeron sobre el desdichado y, tras incorporarle con movimientos rápidos y fuertes, lo arrastraron tras uno de los barracones. De buena gana Amir habría seguido siquiera con la mirada lo que estaba sucediendo pero apenas había vuelto la cabeza cuando sintió un golpe en el costado. Al dirigir los ojos hacia el sitio del que procedía el empellón, vio a un muchacho de escasa estatura que sin levantar la mirada del suelo masculló:

—No es asunto tuyo, chico. No te metas en nada que no te importe.

Amir guardó silencio, aunque aquella advertencia sólo sirvió para excitar aún más su curiosidad. Poco podía sospechar que pronto se vería satisfecha. Unas dos horas después se hallaba atendiendo a las instrucciones de un joven de su edad sobre la manera de lanzar granadas con la mayor eficacia cuando un toque de corneta le obligó a levantar la mirada del artefacto que tenía ante los ojos. Su instructor echó mano inmediatamente de la bomba y dijo con voz apresurada:

—¡Vamos! ¡Nos llaman! Ya continuaremos con esto más tarde.

Amir ignoraba lo que se esperaba que hiciera de manera que se limitó a seguir a los demás compañeros. Así desembocó en una especie de patio bordeado por los barracones de madera. Conocía el lugar porque lo había cruzado para ir a comer, para dirigirse al sitio donde le habían enseñado los primeros pasos de la instrucción y para aprender lo que era una granada y cómo debía lanzarla. Sin embargo, ahora, mientras formaba en una de las filas, tuvo la extraña sensación de que algo no seguía su orden habitual, de que se había producido un cambio imperceptible pero sustancial. Prudentemente, recorrió el entorno con la vista. Tardó poco en notar la alteración en el paisaje. Delante de uno de los barracones, precisamente el que se hallaba situado frente a los soldados, había una mesa y una silla de madera.

Amir se preguntó si alguien iba a ocupar aquel asiento. Entonces, con la cabeza ligeramente alzada y la espalda un tanto encorvada, apareció ante sus ojos el capitán Raphael. Tras llevarse los meñiques a las costuras del pantalón, alzó la mano derecha hasta la frente, un gesto al que respondieron los soldados cuadrándose con más entusiasmo que vistosidad. Luego bajó la mano con energía y, tras dar una pomposa media vuelta, tomó asiento en la modesta silla. Una vez acomodado, el adolescente que se había desplomado entre gritos unas horas antes apareció flanqueado por dos soldados. Sin gorra, con la guerrera abierta y las manos atadas a la espalda, caminó hasta llegar frente a la mesa. Allí uno de sus guardianes estiró la diestra, le cogió por el brazo y le obligó a detenerse.

El capitán Raphael lanzó una mirada displicente y despectiva. No pronunció una sola palabra. Se limitó a estirar los brazos y a depositar las palmas de las manos sobre la mesa. Entonces un soldado con galones de suboficial se colocó en paralelo al oficial y, tras un carraspeo más presuntuoso que necesario, comenzó a leer en voz alta un papel que sujetaba con ambas manos.

Amir habría sido incapaz de repetir o siquiera resumir lo que aquel joven uniformado leyó durante los minutos siguientes. Una vez más, el texto se hallaba redactado con aquel lenguaje lleno de palabras incomprensibles. A pesar de todo, su instinto le avisó de que expresiones como «enemigo del pueblo del Sudán» o «traición a la causa del pueblo» sólo podían indicar que el destino de aquel muchacho ya estaba marcado y de que no discurriría precisamente por senderos halagüeños.

Con el rabillo del ojo, Amir intentó detectar las reacciones de sus compañeros, mas únicamente encontró unos rostros marcados por la impasibilidad más absoluta. Semejaban máscaras de metal bruñido o de madera pulida en lugar de caras de carne y hueso. Si algo les inquietaba, desde luego, debía reconocerse que habían aprendido a ocultarlo.

—¿Ha escuchado el acusado los cargos que se presentan contra él?

La voz del capitán Raphael apartó los ojos de Amir de sus compañeros y le llevó a dirigir la mirada al frente. Un ligero temblor se había apoderado del reo que dijo de manera casi inaudible:

—Sí, señor.

—¿Cómo se declara el acusado? —preguntó ahora con un tono todavía más ampuloso que de costumbre el capitán Raphael —¿Culpable o inocente?

—Ino..., inocente —respondió el joven con una voz ronca e insegura.

En el rostro del oficial apareció una mueca de asco y realizó un gesto despectivo con la mano y el muchacho que había dado lectura al acta de acusación gritó un nombre y luego otro y otro y otro más. Durante la siguiente hora, diferentes soldados fueron abandonando la fila en la que se encontraban y colocándose ante la mesa para prestar su testimonio. Todos ellos dijeron lo mismo con palabras casi idénticas, que aquel adolescente de las manos atadas no era sino un traidor, que desde hacía mucho tiempo habían apreciado sus «tendencias desviacionistas» —¿qué podía significar aquello?, se preguntó Amir—, que lamentaban no haberlo denunciado antes, que se sentían muy arrepentidos por esa falta de diligencia y que habían escuchado las viles palabras que había pronunciado después de la comida.

Cuando el último de los interrogados concluyó, el capitán Raphael se puso solemnemente en pie. Durante cinco minutos declamó en su habitual tono pomposo lo que a Amir le pareció una simple repetición de lo ya dicho por sus compañeros. Por fin, alzó la voz y dijo:

—Por todo lo anterior, el pueblo sudanés te condena a muerte.

Amir no pudo evitar dar un respingo al escuchar aquellas palabras pero su respiración se cortó súbitamente cuando el oficial añadió:

—La sentencia será ejecutada ahora mismo.

Lo que vino a continuación aconteció de una manera tan rápida que Amir dudó si realmente había llegado a verlo. El capitán Raphael dio dos pasos y se situó al lado del reo. Se llevó la mano derecha a la cartuchera de la pistola, la desabrochó, extrajo el arma y, apoyándola en la nuca del muchacho, le descerrajó un tiro. El disparo apenas sonó pero Amir pudo ver con facilidad cómo por el lado opuesto de la cabeza del adolescente brotaba un cuajarón de sangre. Cuando su cuerpo se desplomó finalmente ya era un cadáver.

El capitán Raphael lanzó una mirada sobre el muchacho muerto mientras enfundaba el arma. Se trató de un vistazo despectivo hasta la grosería como si lo que yaciera a sus pies fuera un desperdicio. Entonces, igual que si fueran un solo hombre, los compañeros de Amir alzaron el puño izquierdo en alto y comenzaron a gritar consignas políticas. Inicialmente, él no supo qué hacer pero un codazo oportuno y una mirada cargada de intenciones procedentes de otro soldado le indicaron lo que se esperaba de él. Así, durante un buen rato, el muchacho imitó lo mejor que pudo aquella manifestación colectiva de compromiso político.

En lo más profundo de su ser sólo existía un deseo, el de escapar de aquel campamento a la primera oportunidad.

20

Sepp apuró el vaso de sodabí[1] que sostenía en la mano derecha. Por principio, procuraba no consumir productos típicos del país al que viajaba. Si además la incursión la realizaba en alguna nación de los denominados países en vías de desarrollo su conducta se hallaba envuelta en lo que cualquiera habría calificado de simple prudencia. Había escuchado suficientes historias sobre diarreas sufridas por beber agua en Hispanoamérica, tifus y cólera contraídos viajando a Extremo Oriente, y trastornos gástricos provocados por las bien diversas dietas africanas como para no estar dispuesto a correr ningún género de riesgos. La única excepción a esa disciplina seguida escrupulosamente la llevaba a cabo con las bebidas alcohólicas. Sepp Heide sostenía la curiosa teoría de que el alcohol poseía una cualidad de conservación, hasta de preservación del organismo humano y que, por lo tanto, su consumo no sólo no podía dañarle sino que incluso le produciría efectos marcadamente positivos. Ésa era la razón que él mismo se daba para consumir el sodabí, un aguardiente derivado del orujo[2] del vino de palma

---

1 Sodabí: Aguardiente togolés fabricado con el orujo del vino de palma.

2 Orujo: Alcohol destilado de sobras barato y peligroso. Al destilar los restos de vinificación, es decir, pepitas, los hollejos se obtiene no sólo alcohol vínico o etílico, sino también el nefasto alcohol metílico debido a la celulosa presente en el orujo. Un aguardiente áspero, seco, potente.

con suficiente número de grados como para conseguir que el schnapps alemán o el whisky escocés de mayor gradación parecieran en comparación agua del grifo.

Concluyó el contenido del vaso y lanzó una mirada sobre la botella de sodabí. Lamentablemente, apenas quedaba un dedo de líquido en el recipiente y el ansia alcohólica de Sepp distaba mucho de verse satisfecha. Con gesto de fastidio, se incorporó de la cama donde se hallaba reclinado y se dirigió hacia la mesita donde había depositado la segunda botella de sodabí. Con mano ligeramente temblorosa procedió a destaparla, la acercó hasta la cama, se sirvió una generosa ración y volvió a tumbarse en el lecho.

Sepp vació el vaso casi de un trago y mientras sentía cómo la garganta le ardía igual que si le hubiera introducido un soplete en la boca, sonrió satisfecho. Esta vez el negocio había resultado francamente bueno y los ingresos posiblemente iban a batir una marca en su carrera de traficante de esclavos. No simpatizaba por definición con ningún africano —seguramente tampoco con nadie que no fuera alemán— pero tenía que reconocer que la mafia nigeriana era un modelo de organización capaz de doblegar conciencias y voluntades de una manera prodigiosa.

Se apoyó en el codo y alargando la mano a la botella volvió a servirse sodabí hasta alcanzar casi los bordes del vaso. También tenía que confesar, se dijo, que aquel aguardiente no estaba nada mal.

Al apurar la nueva dosis de sodabí, Sepp se percató de que estaba alcanzando el punto en que el alcohol le provocaba el efecto deseado, un estado de euforia flotante que lo mismo podía servirle para entrar en una fase de locuacidad absolutamente inhabitual en él como para sumirle en un sueño negro, profundo y espeso semejante a un apagón general. Había dado orden a la recepción del hotel para que le avisaran al día siguiente tres horas antes de la salida de su avión —a nadie en su sano juicio se le ocurriría llegar al aeropuerto con menos de dos horas de antelación— de manera que podía ya entrar en aquel estado de letargo que tanto le atraía.

Depositó el vaso en la mesilla de noche, apagó la luz de la habitación y cerró los ojos mientras una sonrisa satisfecha le iluminaba el rostro. En su mente bailotearon imágenes de niños esclavos, de mafiosos africanos, de muchachas tomando el sol en las playas de Baleares, de jarras rebosantes de dorada cerveza alemana. Sepp se sentía transportado a un estado extraño de inquietante felicidad. Aptretó los párpados y reprimió a duras penas una carcajada de loca alegría. ¡Qué bien había salido todo! Con un poco de suerte, al día siguiente a esas horas ya estaría en Mallorca.

21

En el curso de los tres días siguientes a la ejecución, hiciera lo que hiciera o escuchara lo que escuchara, Amir encaminó todas sus fuerzas a no crearse problemas en aquel campamento y a encontrar la manera de llevar a cabo sus intenciones de fuga cuanto antes. Tanto lo primero como lo segundo exigieron que mantuviera tensa su atención a lo largo de las veinticuatro horas del día. Gracias a esa disciplina que no admitía reposo ni descanso, Amir no tardó en darse cuenta de que huir de aquel lugar no resultaba en absoluto imposible.

Aunque los muchachos se esforzaban por comportarse como verdaderos soldados e incluso demostraban un celo envidiable, distaban mucho de contar con la competencia propia de un militar veterano. Amir no poseía conocimientos suficientes como para poder juzgar al respecto pero sí que se percató de que la vigilancia nocturna no era todo lo adecuada que habría cabido esperar. A decir verdad, los centinelas de su propia aldea le parecían al respecto mucho más avezados que aquellos muchachos uniformados y provistos de un armamento moderno y sofisticado. Pronto llegó a la conclusión de que bastaría estudiar con atención las horas, las maneras y las personas que realizaban los cambios de guardia e intentar aprovechar la menor distracción para desaparecer de aquel lugar que a cada segundo le parecía más envenenado por una locura que se expresaba en términos incomprensibles y un sobrecogedor deseo de matar a cualquiera que fuese diferente.

Así, enseguida eligió el momento más adecuado para emprender una fuga. Ciertamente, los guerrilleros del ejército de liberación del pueblo del Sudán se esforzaban al máximo por cumplir con sus obligaciones castrenses y además la disciplina a la que se veían sometidos era extraordinariamente dura pero, al fin y a la postre, sus cuerpos de dieciséis, quince, catorce y hasta trece años todavía no podían soportar un ritmo de entrenamiento y actividad que habría resultado ya duro para un combatiente que hubiera alcanzado la juventud o la edad adulta. Las marchas, las labores de patrulla, los ejercicios iban agotando a lo largo del día a aquellos chiquillos que, en situaciones normales, se habrían dedicado a otras actividades y no resultaba extraño pues que, a pesar de los duros castigos, durante las largas sesiones de adoctrinamiento político alguno de aquellos guerreros prematuros se quedaran dormidos.

Al ver que sus compañeros cumplían con funciones militares adormilados o bostezando, Amir llegó a la conclusión de que el momento propicio para la huida sería la noche. Con un poco de suerte, los centinelas se encontrarían dormidos o tan cansados que su capacidad de vigilancia resultaría muy escasa; para cuando descubriesen su fuga les llevaría varias horas de ventaja. Por lo que se refería a sus compañeros de barracón, no tardó en percatarse de que no representarían ningún obstáculo para sus planes.

Las conclusiones a las que había llegado Amir lejos de ser fruto únicamente del deseo de escapar de aquel siniestro lugar se correspondían milimétricamente con la realidad. Como no resultaba difícil de suponer, los niños y adolescentes de aquel ejército irregular no sólo carecían de valor militar objetivo sino que hubieran constituido una presa relativamente fácil para cualquier contingente armado que hubiera decidido atacar el campamento. Si hasta la fecha aquellas unidades infantiles habían sobrevíviendo se debía a que el ejército sudanés no sentía el menor deseo de abandonar el refugio seguro de las ciudades para cambiarlo por un territorio ocupado por la guerrilla y de manera muy especial, porque el ejército de liberación nacional no dejaba de cubrir los numerosos huecos dejados por los niños muertos e inválidos con nuevos reclutamientos como el que había llevado a cabo con Amir. Los niños no eran adversario para las fuerzas regulares y cometían errores previsibles e inevitables en materia de seguridad y pericia. Sin embargo, eran fáciles de fanatizar hasta convertirlos en carne de cañón e ideales para ser utilizados como detectores de minas antipersonales. A fin de cuentas, siempre era preferible que volara por los aires la pierna de un niño o un adolescente sin experiencia militar y no que sucediera semejante eventualidad con un soldado bien entrenado y, en buena medida, insustituible.

A pesar de todo, Amir había aprendido lo suficiente en los últimos días como para saber que nunca se tiene paciencia en exceso. Si quería que todo saliera bien, debía huir de noche, tenía que ser más sigiloso que las serpientes al reptar por el suelo y evitar saltar la alambrada que separaba el campamento del mundo exterior pasando por debajo de ella.

Por fortuna para Amir, no tardó en llegar una noche sin luna que le pareció especialmente creada por Dios para ayudarle a cumplir sus propósitos. Durante un par de horas, el muchacho fingió dormir un sueño tan pesado y profundo como el de sus compañeros de barracón. Luego, cuando comprobó que todos estaban sumidos en el sopor más intenso, Amir decidió poner en marcha su plan.

En primer lugar, como medida previa e indispensable, contuvo la respiración e intentó captar todos los sonidos que en aquellas horas elevadas de la noche llenaban el silencio casi total del campamento. De esa manera pensaba asegurarse de que nadie paseaba fuera de los barracones, de que no había centinelas que hubieran abandonado su puesto de vigilancia o simplemente de que no se había producido ninguna otra eventualidad inconveniente. No era un ejercicio fácil y, curiosamente, la dificultad principal arrancaba de sí mismo. Cada vez que le parecía que había conseguido dominar el aliento para que no saliera de la nariz y le permitiera escuchar con nitidez, se veía obligado a respirar y aquel ruido del aire penetrando lentamente por las fosas nasales interrumpía su atenta escucha. Continuó aquel ejercicio sincopado[1] durante mucho tiempo, quizá no menos de cuarenta minutos o una hora. Hasta sus oídos llegaron los chirridos de los insectos insomnes que indicaban la temperatura en grados centígrados; el grito ahogado de algún animal pequeño víctima de un depredador y los ronquidos esporádicos de sus compañeros de barracón.

---

1 Sincopado: Dicho del ritmo o del canto: Que tiene notas sincopadas. Toda sucesión de notas sincopadas toma un movimiento contrario al orden natural, es decir, va a contratiempo.

Relativamente seguro de la impunidad con que podía abandonar el recinto, Amir apoyó las palmas de las manos en el jergón y, lenta y sigilosamente, se impulsó con ellas hasta quedar sentado. Se detuvo entonces unos instantes y de nuevo intentó captar cualquier ruido extraño. Para tranquilidad suya, ningún sonido llegó hasta sus tímpanos que no hubiera escuchado previamente. Entonces alzó ligeramente las piernas, giró sobre sus nalgas y sacó los pies del lecho. A continuación, los fue estirando hasta que se posaron suave y silenciosamente en el suelo. Apenas se había movido unos centímetros pero aquel contacto de sus plantas con algo sólido le proporcionó la cálida sensación de haber concluido un largo camino. Respiró hondo, se detuvo un instante y luego se puso en pie con un gesto rápido. Finalmente, procurando que no se quebrara el silencio, echó mano de un cinturón del que colgaba una cantimplora y de un talego donde había guardado algo de pan y fruta. Era todo lo que tenía para sobrevivir una vez que estuviera fuera de aquel lugar extraño e incomprensible.

Alcanzar a oscuras y en sigilo la puerta del barracón fue una tarea pesada y demasiado larga para el asustado Amir, pero fácil. Más complicado resultó, sin duda, franquear la puerta. El muchacho había previsto que pudiera producirse algún ruido y se ocupó de colocar saliva en los goznes antes de girar el pestillo y empujar la hoja. La sustancia ideal hubiera sido la grasa o el aceite, por supuesto; aún así, el único sonido perceptible fue el seco chasquido de la cerradura. Con todo, resultó tan breve que nadie de los que se hallaban en el barracón lo percibió.

La noche era cerrada y sin luna pero, al salir de una sala totalmente privada de luz, Amir tuvo la sensación de que el exterior se hallaba escandalosa e inconvenientemente iluminado. Esa impresión le ocasionó un malestar difuso que, por un instante, le llevó a calibrar la conveniencia o no de continuar su plan. Sin embargo, desechó la posibilidad de abandonar y se dijo que lo mejor que podía hacer era proseguir sin pausa el camino emprendido.

Valiéndose de una combinación prodigiosa de rapidez, ligereza y sigilo, atravesó el espacio abierto que se extendía entre el barracón y el lugar de la alambrada que había elegido para escaparse. Casi antes de que pudiera percatarse de lo que había hecho, se hallaba al lado de la línea de espino y había procedido a pegarse al suelo imitando ser una mera ondulación del terreno. Se detuvo en ese momento y al apretar su pecho contra la tierra, Amir percibió con acentuada claridad los latidos apresurados de un corazón que sufría una emoción intensa e incontrolable.

Había elegido aquel lugar en concreto porque constituía una especie de punto ciego entre dos posiciones de vigilancia. No era imposible que lo descubrieran pero sí improbable. Ahora, con el cuerpo convertido en una línea más del paisaje inanimado, Amir esperó a que su respiración adquiriera un ritmo regular. Transcurrieron unos minutos que se le hicieron una secuencia tan prolongada como los tormentos de los réprobos en el infierno. Cuando el aire volvió a entrar en su cuerpo de una manera cadenciosamente aceptable, el muchacho echó mano al talego y extrajo un objeto que consideraba de importancia esencial.

Lo había embardunado previamente con barro para que la luna no pudiera arrancar de él ningún destello delator pero, dadas sus reducidas dimensiones, posiblemente podría haberse evitado aquella medida de precaución. Apretando la mano con firmeza, deseando al mismo tiempo no causar el menor ruido, Amir hundió la cuchara sucia en tierra. Un roce seco y áspero fue el único sonido que arrancó del suelo el pedazo de metal. Se trató del primero de una serie de movimientos que intentaban despejar un mínimo espacio entre la alambrada y el terreno de tal manera que pudiera deslizarse por él y escapar del campamento.

En apariencia, la tarea no era ni difícil ni trabajosa pero el adolescente no tardó en comprobar que exigía una fuerza y un cuidado muy superiores a lo que había previsto. Al tercer intento, Amir decidió que la mejor manera de arrancar la tierra era mantenerla en la cuchara como si se tratara de un montoncito de arroz o un poco de sopa y después depositarla con cuidado en el suelo procurando que no formara ningún montón que pudiera denunciar la maniobra.

A partir de la docena de cucharadas, el muchacho comenzó a sentir unas inesperadas molestias que se extendían desde la punta de los dedos al codo pasando por la mano y la muñeca. Los músculos, los huesos, los tendones sufrían tal tensión que se hubiera dicho que habían alcanzado la contextura de las cuerdas de un violín bien afinado. Repentinamente, Amir se percató de que la mano le pesaba extraordinariamente a la vez que lanzaba señales de dolor cada vez más arriba. Procurando no perder el equilibrio ni tampoco indicar su situación, comenzó a sujetarse la muñeca diestra con la mano izquierda en un intento de conservar un vigor que sentía evaporarse en medio de unos dolores en los que no había pensado. Consiguió de momento seguir extrayendo tierra, aunque le costaba cada vez más respirar con normalidad; el sudor y las lágrimas convertían su visión en borrosa.

Cuidadosamente y mientras sofocaba un gemido, depositó la cuchara en el suelo. Movió los dedos para devolverles la elasticidad que habían perdido y a se los pasó por la frente y los ojos con la intención de retirar el sudor y aclararse la visión. Estaba a punto de echar mano a la cuchara nuevamente cuando oyó unos pasos a su derecha. El que los había dado debía de encontrarse a cierta distancia porque se escuchaban de una manera lejana y amortiguada. Aún así Amir no pudo evitar que su corazón volviera a latir nuevamente como si se tratara de un animal enloquecido. Durante unos instantes interminables, el muchacho contuvo lo mejor que pudo la respiración al mismo tiempo que elevaba una plegaria al Dios que le había mantenido con vida hasta aquel momento. Una vez más, sintió que debía haberle escuchado porque, afortunadamente, las pisadas fueron sonando cada vez menos hasta que se extinguieron por completo.

Amir agarró nuevamente la cuchara y examinó la evolución de su obra. Tenía la sensación de que había logrado concluir más de la mitad de su tarea y ese pensamiento le infundió unas fuerzas renovadas. Sintió que debajo de la alambrada se extendía un hueco lo suficientemente holgado como para permitir su paso.

Respiró hondo por dos veces y volvió a elevar una plegaria a Dios, esta vez para que le ayudara a salvar aquel último obstáculo. Empujó cuidadosamente la cantimplora y el talego de la comida al otro lado de la alambrada y luego se puso boca abajo —había escogido aquella postura para no perder de vista en ningún momento el campamento— y dirigió sus pies hacia el hueco. No le resultó difícil pasar los talones, las pantorrillas y los muslos por aquel angosto espacio. Cuando le tocó el turno a las nalgas, apretó el pubis contra la tierra y contuvo la respiración para facilitar el tránsito. Tenía más de medio cuerpo libre y ese logro hizo que una sonrisa de satisfacción se dibujara en sus labios. De hecho, de no resultar tan indispensable el silencio, Amir hubiera explotado en una risa de alegría. Ahora, sin embargo, no podía permitirse esa expansión.

Apoyó con fuerza las palmas de las manos en la tierra y, suave y cuidadosamente, se empujó hacia fuera. Cuando concluyó el movimiento, pudo sentir con toda nitidez el roce del alambre de espino sobre sus hombros. Sólo faltaba un último esfuerzo, un impulso más y se encontraría fuera de aquel lugar consagrado a inculcar la violencia y la locura en los niños. Torció entonces la cabeza hacia la derecha a la vez que pegaba la mejilla contra el suelo y la arrastró sobre la tierra para sacarla al otro lado. Sintió un roce áspero, desagradable, que incluso, al levantar polvo, dificultó la respiración. Sin embargo, Amir no lamentó aquella molestia. Mientras un poderoso sentimiento de euforia invadía todo su ser, el joven volvió el rostro hacia arriba y, de repente, descubrió que sobre su cabeza ya sólo se extendía un cielo negro tachonado de estrellas rutilantes. Habría gritado, habría cantado, habría danzado pero se contuvo. Lentamente, volvió a colocarse boca abajo y reptó algunos metros, los suficientes para llegar hasta una vegetación que le sirviera de pantalla.

En cuanto alcanzó los setos, procurando no rozar ninguna planta ni romper ninguna ramita, se puso en pie y comenzó a caminar de manera exenta de apresuramiento por espacio de un centenar de metros. Cuando ya se creyó fuera del radio de visión de los centinelas, inspiró hondo y echó a correr con todas sus fuerzas. En lo más profundo de su ser sólo deseaba que las tonalidades malvas del alba le sorprendieran mientras desarrollaba aquella carrera hacia la libertad.

22

Muhammad examinó por tercera vez el documento que tenía ante si. Conocía a la perfección de lo que se trataba. El tipo de papel, la escritura inconfundible y, sobre todo, la manera en que la misiva le había llegado a través de un correo baqqara indicaban con innegable claridad que lo que sujetaba con ambas manos era la esperada orden para disponer del cargamento de esclavos.

En un mundo donde era posible enviar un mensaje desde Hong-Kong y recibirlo en Madrid en apenas unos segundos, el método utilizado por Sulaiman para dar instrucciones a Muhammad podía parecer sobrecogedoramente primitivo y, sin embargo, su eficacia resultaba indiscutible. Concluida la ruta de traslado hacia el norte, Muhammad había detenido la caravana de esclavos en el punto convenido. Allí debía esperar durante veinticuatro horas a que apareciera un mensajero de los baqqara provisto de una misiva donde se le informaría del destino que debía darse a las mujeres y los niños. Si el plazo transcurría sin que el árabe hiciera acto de presencia, Muhammad sabía que algo había salido mal y que el enclave en el que se encontraba había dejado de ser seguro. Entonces debía desplazar su cargamento hacia otro destino y repetir el proceso.

En ninguna ocasión se había visto obligado a dirigirse hasta el tercer lugar convenido pero siempre había dispuesto de un listado con no menos de una decena de puntos de contacto.

El emisario había sido siempre un baqqara. Hábiles, avezados, rápidos y astutos, conocían aquella zona del país palmo a palmo y estaban especialmente capacitados para eludir encuentros no deseados que lo mismo podían ser con unidades militares deseosas de robar esclavos y revenderlos que con traficantes rivales. Sin embargo, dado que el baqqara encargado de llevarle instrucciones cambiaba en cada expedición resultaba indispensable proporcionarle unas credenciales que aseguraran que no era una carnada destinada a que Muhammad cayera en una trampa. Las señales indispensables para que el mensajero fuera aceptado consistían en una misiva redactada del puño y letra de Sulaiman, un tipo de papel concreto y, sobre todo, la repetición de una serie de frases convenidas previamente. Si el enviado no las conocía, Muhammad inmediatamente debía recelar. Sus órdenes en ese caso eran apresar al mensajero y con la mayor celeridad abandonar el lugar antes de que se desplomaran sobre él la tierra y el cielo. Una vez seguro con su cargamento, Muhammad debía torturar al falso emisario para extraerle hasta el último ápice de información. Ese supuesto, afortunadamente, no se había producido nunca y el hombre que ahora tenía delante de sí indicaba que tampoco existía peligro en la presente cacería.

Las instrucciones eran muy precisas. Tenía que dirigirse hacia el noroeste hasta llegar a un enclave situado a unas veinte millas. Allí debería esperar a dos personas que les entregarían el precio de los esclavos. De acuerdo con la descripción escrita por Sulaiman, uno de ellos sería un hombre blanco, delgado, alto y con barba; el otro, era un sudanés del sur, es decir, un negro entrometido al que de buena gana degollaría pero al que había que respetar por el bien del negocio. La transacción se realizaría pacífica y educadamente. Los compradores se llevarían los esclavos y Muhammad, tras abonar su salario a los baqqara, regresaría a Jartum con el dinero, un paso más para convertirse en un hombre acaudalado y respetado.

Esperó escasamente un par de horas a que llegaran el europeo y su compinche africano. Eran idénticos a la descripción que Sulaiman le había proporcionado. El sudanés debía pertenecer casi con toda seguridad a los dynkas. Tenía su misma tonalidad de negro, su mismo porte externo y su mismo acento. Por lo que se refería al blanco, su aspecto le resultó desagradablemente lechoso y enjuto. Provisto de uno de esos ridículos sombreritos a los que tan aficionados son los turistas y de una barba escasamente poblada, daba la sensación de ser uno de esos occidentales locos que pretenden entender el mundo y que no son capaces de vislumbrar lo que se extiende a un palmo de sus narices. Tan irritado se sentía al contemplarlo que, por un efímero momento, lamentó que gente del Sudán —aunque fueran negros y *kafirin*— pudieran ser adquiridos por aquel extranjero. Levantó la diestra y espantó, a la vez que las molestas moscas, aquellos pensamientos incómodos. Bueno, fuera por las razones que fuera, aquel alucinado les iba a pagar hasta la última libra que le pidieran y lo haría sin rechistar.

Como si estuvieran impulsados por una mano invisible, Muhammad y dos de sus baqqara se dirigieron hacia los recién llegados. El negro que acompañaba al occidental pronunció en un árabe perfecto los saludos de rigor. Muhammad respondió con una cortesía ampulosa aunque no sentida y tendió la diestra invitando a los dos compradores a tomar asiento en el suelo. Ni una alfombra, ni siquiera una estera, cubría la tierra sucia y polvorienta pero aún así John y Nur se sentaron a la vez que los negreros. Habían viajado hasta aquel perdido lugar del mundo no para disfrutar de comodidades sino para comprar esclavos a buen precio.

Una vez sentados, John hizo una señal con la cabeza a Nur. Fue un gesto apenas perceptible pero Muhammad comprendió que aquella era la señal para dar inicio al chalaneo[1]. Con la expresión más fría que pudo aparentar, comenzó reclamando una cantidad por esclavo que decuplicaba su valor en el mercado en aquellos momentos. Nur estaba habituado a aquellos inicios pero las pretensiones de Muhammad no dejaron de causarle una desagradable sorpresa. Quizá, a fin de cuentas, se trataba en verdad de un intento encaminado a obtener un precio mucho mayor por esclavo. Volvió, por lo tanto, la vista hacia John en busca de instrucciones. Los ojos claros del británico le estaban esperando. Sin despegar los labios, movió suavemente la cabeza con gesto negativo.

Amina, Yamil y su madre, y las docenas de esclavos que componían aquel cargamento contemplaban la escena desde lejos. No sabían lo que estaba sucediendo y carecían de datos para imaginarlo. Sin embargo, una sensación que brotaba de los instintos de conservación y supervivencia que se dan cita en el corazón de todo ser humano les indicaba que,

1 Chalaneo: Tratar los negocios con maña y destreza.

seguramente, estaba a punto de producirse algo importante, importante especialmente para ellos.

Al cabo de una hora de discusión y de media docena de tazas de té, Nur, el intérprete de John, había conseguido que la cifra exigida por los negreros se redujera tan sólo al doble de la cantidad razonable para aquella transacción. Acostumbrado a sentarse en el suelo, no estaba incómodo en aquella postura pero su acompañante europeo sentía como si sus articulaciones fueran a estallar y se preguntaba el tiempo que su vejiga podría soportar aquella ingestión ininterrumpida de té. A ciencia cierta, la única parte de su cuerpo que no estaba acribillada por el dolor o las molestias eran las piernas y los pies pero se debía a que se le habían dormido tanto tiempo atrás que hubiera podido jurar que esa sección de su anatomía estaba tan muerta como un clavo de puerta.

Aunque ya había pasado por la experiencia de regateo en multitud de ocasiones, John no conseguía acostumbrarse a aquellas interminables discusiones. Los traficantes de esclavos sabían la cantidad que aceptarían y tanto él como Nur tenían una idea muy aproximada de cuál era. ¿Por qué no podían fijar un número concreto de libras por cabeza y acababan ya con aquel engorroso expediente? Al final, la diferencia sería mínima y podrían ahorrarse aquel consumo de saliva y tiempo. Ésa era otra de las cuestiones que John no lograba asimilar de los múltiples universos que convivían, generalmente no de manera pacífica, en el continente africano. Conceptos —y realidades— como minuto, hora o incluso día y semana apenas tenían valor para aquella gente. Podían pasarse discutiendo horas y horas sin percatarse de que aquella pérdida de tiempo no se veía compensada por los céntimos miserables que arrancaban en el curso del regateo. Que el tiempo era oro lo sabía cualquier occidental pero aquella gente, cuya esperanza de vida excepcionalmente superaba los cuarenta años, no lo había aprendido y no parecía sentirse preocupada por el desperdicio continuado de unas horas de las que no disponían precisamente en abundancia.

Aún necesitaron casi noventa minutos más para llegar a un acuerdo. La cifra era, libra arriba, libra abajo, la misma de siempre pero John logró que los negreros se comprometieran a no cortar los brazos de los escasos hombres que iban en la expedición. Normalmente, los degollaban al acabar el viaje, cuando ya no eran necesarios para llevar paquetes. Ocasionalmente, les perdonaban la vida no sin antes privarles de los brazos desde la altura del hombro para convertirlos en unos seres inútiles que sufrirían porque ni siquiera podrían levantar su propia casa y que, de manera muy especial, se convertirían en un testimonio vivo de la forma sobrecogedora en que se comportaban los traficantes de esclavos.

Nur se levantó y fue a buscar los talegos de tela donde se almacenaban los apretados fajos de libras sudanesas. John de buena gana habría deseado acompañarle pero por más que lo hubiera intentado sus dormidas piernas no habrían podido sostenerlo. Durante unos instantes, mantuvo la mirada sobre Muhammad y sus dos acompañantes a la espera de que Nur regresara del vehículo.

Lo que tuvo lugar a continuación fue un recuento pesado y meticuloso del dinero de la compra. Primero, Nur fue colocando ante los traficantes todos y cada uno de los montones de papel moneda sujetos por gomas elásticas. Luego, Muhammad contó cada paquete por dos veces para asegurarse de que aquel conjunto inmenso, casi espectacular, de billetes se correspondía con la cifra pactada. Cuando concluyó el arqueo, no pudo evitar que una sonrisa satisfecha le apareciera en el rostro totalmente cubierto por un lienzo blanco. Sí. Acababa de dar un paso más en el camino hacia la riqueza.

De un solo impulso, Muhammad se puso en pie y los dos baqqara le siguieron. A continuación, saludaron ceremoniosamente a John —que seguía sin poder levantarse— y a Nur y se dirigieron a reunirse con sus compañeros que aún vigilaban a los esclavos. En un par de minutos, todos ellos habrían subido a sus monturas y estarían cabalgando hacia el norte. Lo que el extraño blanco y su intérprete negro hicieran con aquellos endemoniados dynkas les importaba un bledo.

John les vio partir a lomos de unos caballos que levantaban amarillas nubecitas de polvo. Habría deseado acudir inmediatamente a examinar su compra pero aún necesitó casi diez minutos para descruzar las piernas, ponerse en pie y dar unos pasos que se parecieran siquiera lejanamente a la acción de andar. Encima tardó casi otros cinco minutos en llegar al corral donde los esclavos, igual que si fueran un ganado de no mucho valor, estaban recluidos preguntándose con el corazón oprimido por la angustia acerca del futuro que les esperaba. Ahora, todos y cada uno de ellos, eran tan propiedad suya como el reloj de pulsera que llevaba atado a la muñeca izquierda.

23

Si alguien hubiera preguntado a Amir el tiempo que estuvo corriendo sin detenerse no hubiera obtenido una respuesta concreta y la razón fundamental habría sido que ni siquiera el muchacho lo sabía. Sólo habría podido explicar que deseaba más que nada en el mundo escapar de aquel ejército formado únicamente por niños y adolescentes que habían perdido el sentido común más elemental disuelto en un océano de palabrería hueca y estúpida. Había corrido, sí, y lo había hecho no sólo con las piernas y los pies sino con cada porción de su cuerpo. Manos y brazos, tronco y cabeza, corazón y pulmones se habían sumado a su ansia de fuga ayudándole a ganar metros y distancia.

Cuando, finalmente, exhausto, sin resuello y con un dolor agudo en el costado izquierdo se detuvo, resultaba prácticamente imposible contemplar el campamento. En realidad, se había visto reducido a un mero punto que apenas se recortaba sobre la línea negra del horizonte. Sin privarse de mirarlo ni siquiera un instante, como si temiera que aquellas estructuras de madera y alambre pudieran iniciar su persecución, Amir se había dejado caer en el suelo y comenzado a respirar golosamente.

No descansó mucho pero cuando volvió a ponerse en pie su carrera ya no fue aquel chorro de velocidad de los últimos minutos sino una cadencia menos rápida y que, a la vez, le permitía mantener el ritmo de la fuga. Así, cuando se detuvo por segunda vez ya faltaban pocos minutos para que los dedos rosados del alba pintaran el cielo.

Durante las horas siguientes, Amir se percató de que sus antiguos compañeros de armas o no habían partido en su persecución o eran abiertamente incapaces de seguir un rastro. Quizá ambas circunstancias fueran ciertas. En cualquier caso, su principal preocupación durante las próximas horas residiría en dar con algo de comida así como con alguna fuente que le permitiera rellenar su cantimplora. No la encontró hasta el día siguiente. El recipiente estaba seco por completo y Amir comenzaba a pensar que podría no terminar su viaje. Aunque, bien pensado, ¿hacia dónde se dirigía?

Tuvo que reconocer que localizar la caravana de esclavos donde iban Amina, Yamil y su madre entraba sin discusión en el terreno de lo imposible. No sólo no hubiera encontrado el camino que llevaba desde el lugar donde lo habían capturado hasta aquel donde se hallaban los esclavos tan sólo unos días antes; es que, incluso en el muy improbable caso de que así hubiera sido, ya no habría hallado un rastro que seguir. Al cabo de una semana, ni huellas, ni pisadas ni excrementos de caballos le indicarían hacia donde se habían dirigido sus seres más queridos.

Enfrentado con esa tesitura[1] tan sólo unos días antes, Amir habría roto a llorar en medio de aquella

1 Tesitura: Circunstancia, situación o coyuntura. Actitud o disposición del ánimo.

tierra de nadie pero el muchacho había vivido años en unas jornadas y ahora sólo pensaba en el lugar hacia el que debía dirigirse y en la mejor manera de conseguirlo. Tan consciente era de ello que no se permitió un solo instante de reposo.

Tampoco tardó mucho en hallar una respuesta obligada por las circunstancias. Su familia era inalcanzable y la única tierra que conocía era la de su poblado. Regresaría hasta él y una vez allí intentaría reconstruir una existencia destrozada por la labor de los traficantes de esclavos. Así, Amir, contemplando el lugar por donde el sol se desplazaba durante el día y las estrellas durante la noche, emprendió el camino hacia el sur y hacia lo que había sido la tierra de sus antepasados desde hacía siglos.

Sin embargo, Amir ya no podía contemplar el paisaje como lo había mirado cuando toda su familia era libre y estaba viva. Durante su regreso, durmió oculto en las horas del día y caminó bajo la noche; temió las oscuras siluetas de árboles y matorrales como si se tratara de alguno de aquellos enemigos de los que nunca había escuchado hablar pero cuya capacidad para ocasionar dolor había sufrido en las últimas horas, y aceptó comer y beber sustancias que hubieran provocado sus náuseas unas semanas antes.

De esta manera, sorteando peligros que nacían más en su imaginación que en la realidad, Amir llegó finalmente al riachuelo donde se encontraba cuando Muhammad y los baqqara habían atacado su aldea. Empezó a experimentar la sensación de que se encontraba ya muy cerca de su destino, aunque carecía de una idea concreta del lugar donde se hallaba. Precisamente por ello, cuando, al salvar una loma chata se encontró con aquella corriente de agua, no pudo evitar que el corazón comenzara a latirle con un vigor desusado. De repente, fue como si todo su pasado, un pasado que no había querido recordar últimamente pero que había sido tranquilo y dichoso, le hubiera salido al encuentro. Aquel choque con otro tiempo no lejano cronológicamente pero sí muy distante de las emociones experimentadas en las semanas pasadas tuvo el efecto de un zarpazo despiadado sobre su corazón.

Mientras descendía de la elevación, en aquel hilo de agua vio reflejado el rostro de su madre, las risas de Yamil, los movimientos de Amina, las manos de su padre y las figuras de tantos y tantos seres que había amado y que ya no estaban a su lado. Había existido un tiempo en que el mundo se encontraba poblado por gente buena que amaba a sus hijos y a sus hermanos; que respetaba a los abuelos y a otros ancianos; que deseaba compartir con sus vecinos lo poco que tenía. Ese tiempo parecía flotar, igual que una nube, sobre aquellas aguas mansas y tranquilas pero, también como una nube, podía disiparse o ser arrastrado por el viento y entonces Amir tendría que contemplar frente a frente la soledad en que había quedado sumido.

Le costó mucho que las rodillas no se le doblaran durante el descenso y aún más el no desplomarse en el camino de regreso a la aldea. Siguió el mismo que había transitado cuando, unos días atrás, unas columnas de humo acompañadas de unos ruidos no identificados le llevaron a precipitarse hacia el pueblo. Llevaba unos minutos caminando cuando, inesperadamente, algo en el suelo le llamó la atención. Comenzaron a temblarle las piernas, Amir se acercó al objeto que acababa de atraer su mirada.

Amarillento, casi deshecho, en el suelo yacía un junco. Sin embargo, lo más curioso no era el agostamiento de la planta fluvial sino la manera tan extraña en que se hallaba dispuesta. Formaba un círculo de trazado irregular anudado en un extremo y en su parte inferior se acumulaban, resecos y descoloridos, los restos de lo que tiempo atrás fueron unos peces apetitosos.

Amir se inclinó y estiró las yemas de los dedos como si deseara acariciar lo poco que restaba del junco y de los peces. Estuvo su gesto cargado de una ternura que hubiera sido más propia en alguien que deseara tocar el rostro de un niño o el lomo de un animal querido. Y su comportamiento no era injustificado porque, a fin de cuentas, con él pretendía acercarse a las huellas de lo que había sido una mañana feliz ya perdida. Así, rozó suavemente aquellos despojos. Luego se levantó y continuó su camino.

Si Amir hubiera sabido el significado de la palabra congelación habría creído que ese fenómeno y no otro era el que había sufrido su aldea. Ya no había humo, ni fuego, ni ruidos, ni siquiera malos olores todo se mantenía en la misma situación en que lo había contemplado al abandonarla. Daba la sensación de que había ardido cuanto podía arder, de que había apestado todo lo que podía apestar y de que se había consumido todo lo que se podía consumir. El tiempo había quedado detenido. Entonces, Amir vio que estaba equivocado y que aquel poblado había sufrido una mutación profunda y esencial.

24

Si los esclavos hubieran seguido siendo seres humanos, si las semanas pasadas en cautiverio no hubieran cercenado casi de raíz su instinto de resistencia y rebeldía, lo más seguro es que aquel grupo formado por mujeres, adolescentes, niños y algún hombre aislado no hubiera dudado en emprender la fuga. Una vez desaparecidos los baqqara precedidos por su jefe, sólo habían quedado tres personas para vigilarlos y ni Nur ni John ni el conductor del vehículo en el que habían llegado hasta aquel lugar daban la impresión de ir armados. Sin embargo, los golpes, las humillaciones, los disparos, los insultos habían sido tan numerosos y tan impunes que ni Yamil, ni Amina ni ninguno de los esclavos pensó en escapar. De algún lugar localizado en lo más profundo de su ser brotaba una voz que afirmaba que no debían realizar ningún movimiento sospechoso porque si cometían semejante imprudencia aparecerían látigos, pistolas y fusiles ametralladores, y destrozarían sus cuerpos como lo habían hecho con otros durante los días anteriores.

Cuando Nur alzó los brazos y comenzó a decirles que caminaran hacia un lugar donde escucharían al hombre blanco, ni uno solo de los esclavos opuso resistencia o dejó que de sus labios agrietados y sedientos saliera una palabra de protesta. Sumisa y calladamente, con las espaldas encorvadas y los ojos bajos como si sobre ellos bascularа un peso que sólo pudiera evaluarse en toneladas, los dynkas se encaminaron al sitio que señalaba Nur y cuando éste les hizo una señal para que se sentaran todos ellos obedecieron sin rechistar.

John se colocó al lado de Nur y contempló la masa de personas que estaba sentada ante sus ojos. Había niños y mujeres, adolescentes y jovencitas, incluso le pareció distinguir a dos o tres casi hombres adultos. Se les notaba cansados y sin duda habían perdido peso durante los últimos días. Sin embargo, como en otras ocasiones anteriores, lo que más impresionó a John no fue el deterioro físico de aquellos seres que habían atravesado la peor experiencia de sus vidas en las últimas jornadas. No. Lo que oprimió su corazón como si se lo retorcieran con unas manos de hierro fue el paño que cubría las pupilas de aquellas gentes. Se trataba de un velo totalmente transparente que se había ido tejiendo con terror, sufrimiento, desesperanza y golpes y que privaba de vida, alegría o ilusión sus desdichadas existencias. Aquellas mujeres nunca podrían olvidar lo sucedido y los niños eran hombres envejecidos prematuramente. Si alguien hubiera deseado saber lo que era realmente la esclavitud, John estaba convencido de que bastaría con que contemplara aquellas miradas.

—Bueno —dijo a Nur—, vamos a empezar.

El dynka asintió con la cabeza y se dispuso a cumplir con su cometido.

—Todos vosotros sois esclavos —exclamó John en voz alta y mirando a los dynkas como si, verdaderamente, pudieran entenderle.

Nur clavó la mirada en sus compatriotas y tradujo las palabras de John.

—Durante las últimas semanas —prosiguió John—, la vida ha sido dura con vosotros.

El sudanés vertió puntualmente al dynka las frases pronunciadas por el británico. La práctica les había llevado a coordinarse de una manera que casi hubiera podido calificarse de espectacular. Apenas John concluía una oración, Nur la traducía e inmediatamente se repetía el proceso sin apenas dejar espacio de tiempo entre las palabras.

—Os habéis visto apartados de vuestros hogares y familias. Muchos habéis perdido a seres queridos.

John se detuvo por un instante cuando Nur tradujo la última frase. La mirada cansada, derrotada, aplastada de aquellos dynkas hubiera podido interpretarse como estupidez o incapacidad para comprender lo que se les decía. John, sin embargo, sabía que simplemente era el estupor lógico en personas a las que no se había hablado sin gritos o golpes durante semanas.

—Durante este tiempo estoy seguro de que muchos os habréis dirigido a Dios —prosiguió ahora John mientras un temblor leve, casi imperceptible, se apoderaba de su voz. —Le habréis pedido que os libere, que os salve, que os devuelva a vuestros hogares. También, posiblemente, le habréis preguntado por qué os han sucedido todas estas cosas.

El británico realizó una nueva pausa, respiró hondo y abrió las manos mostrando sus palmas en un gesto extrañamente acogedor.

—Quiero deciros que Dios ha escuchado vuestras oraciones, vuestro llanto, vuestras súplicas...

Se detuvo nuevamente. A pesar de su aspecto tranquilo, una gran emoción interna se había apoderado de él. Intentando dominarla, tragó saliva y dirigió una mirada cargada de significado a Nur. Luego se volvió hacia los esclavos y dijo en voz alta, casi como si gritara:

—Gente de países lejanos, gente que cree en Dios ha pagado el precio de vuestra libertad.

Y añadió:

—Desde este mismo momento sois libres.

Un silencio pesado como una losa de mármol descendió sobre los dynkas sentados ante John. Por un instante, un instante que pareció inusitadamente prolongado, dio la sensación de que eran un amasijo de seres quietos, inmóviles, paralizados. Luego, de repente, una luz de sorpresa, de comprensión, de esperanza se encendió en el fondo de los ojos de algunos de ellos. Aquí y allá se oyeron voces aisladas, voces envueltas en un tono de excitación, voces que no podían diferenciarse de gritos y sollozos y entonces, como si un resorte oculto e invisible los hubiera impulsado a todos ellos, comenzaron a ponerse en pie y a abrazarse.

Al igual que una riada[1] desborda el caudal de un arroyo convirtiéndolo en un flujo incontrolable, los sentimientos acumulados, reprimidos, aprisionados en las almas de aquellos desdichados sobrepasaron cualquier manifestación habitual en la conducta humana. Las mujeres lloraban y reían a la vez, los niños saltaban y se abrazaban, las muchachas se dejaban caer al suelo presa de sollozos y danzaban. Se hubiera dicho que en el lugar donde antes había desparramadas docenas de cuerpos abatidos y

1 Riada: Avenida, inundación, crecida.

espíritus deshechos ahora se daba cita un solo organismo, un organismo que había estado a punto de perecer a causa del dolor y de la violencia pero que se encontraba nuevamente vivo y rebosando de deseos de vivir.

En los últimos años tanto Nur como John habían contemplado aquella escena en distintas ocasiones. A veces los liberados eran dynkas y a veces nures. En unos casos, había presentes hombres y en otros sólo mujeres y niños. En unas ocasiones, apenas se habían producido homicidios y en otras los asesinados habían comenzado a contabilizarse desde el inicio de la marcha. Sin embargo, el comportamiento de los esclavos liberados era siempre similar. Primero, el miedo servil y sumiso a los nuevos amos; luego la indiferencia al escuchar las primeras palabras de John; a continuación, el estupor causado por no saber si habían entendido correctamente; por último, la explosión de gozo incomparable provocado por la certeza de que, nuevamente, eran dueños de su destino, de que tras un drama inenarrable iban a contar con una segunda oportunidad en sus vidas.

Nur y John se miraron. No despegaron los labios pero bastaba ver sus ojos húmedos para percatarse de que en aquel silencio no había indiferencia sino un profundo y conmovido respeto acompañado de gratitud hacia el Creador.

John era consciente de que cuando regresara a Europa le esperarían las críticas de aquellos que o ignoraban la terrible realidad de la esclavitud o tenían intereses secretos e inconfesables en ella. Le acusarían de favorecer el tráfico de esclavos al estar dispuesto a comprarlos valiéndose de las donaciones, grandes y pequeñas, proporcionadas por particulares. Le advertirían de que hacía peligrar la labor de las ONGs en Sudán con sus denuncias a la colaboración del gobierno con los esclavistas. Le atacarían por estar dispuesto a viajar a África para liberar a aquellos infelices, por arriesgar la vida, por ser cristiano y no avergonzarse de ello... John era consciente de todo pero no le importaba. Contemplar a aquellos esclavos, moribundos de pesar tan sólo unos minutos antes y ahora rebosantes de lágrimas, de risas y de esperanza, le era suficiente para darse cuenta de que nadie con decencia y compasión podía atacar la empresa destinada a liberar a unos seres humanos esclavizados de las maneras más brutales.

Lentamente, John se acercó a Nur y le echó el brazo por encima del hombro como si fueran dos amigos dispuestos a entonar una jovial canción de cantina. Sin embargo, el británico no pretendía cantar. Sin dejar de mirar a aquellos seres nuevamente libres, se limitó a decir:

—Debemos regresar cuanto antes. Aún quedan muchos esclavos por liberar.

25

Dormía profundamente bajo el efecto narcotizante del sodabí. Sin embargo, aún sumido en las brumas oscuras del sueño, de repente experimentó una señal de alarma y, tras dar un brinco en el lecho donde yacía, se despertó. Lo que vio a escasos centímetros de su rostro relucía con un brillo negro y siniestro. Parpadeó e inmediatamente intentó reprimir el malestar que se había apoderado de su ser. Ante sus ojos, recto y amenazante, se dibujaba el cañón de una pistola.

—Soy ciudadano alemán —acertó a decir Sepp con una voz que pretendía ser tranquila y, a la vez, ocultar su miedo.

—Mister Heide —sonó una voz desde una esquina de la habitación totalmente desprovista de iluminación. —La nacionalidad del pasaporte que usted lleva nos resulta indiferente. Se le acusa de actividades delictivas cometidas en nuestro país.

Sepp intentó incorporarse pero el cañón del arma se apoyó sobre su frente y le empujó hacia atrás para que se mantuviera en su posición. «Bien, es obvio que vienen en serio. Seguramente desean un soborno», pensó el alemán.

—Oficial —dijo Sepp con un tono no sentido de amabilidad—, sin duda, se trata de un error. Soy un turista amigo de su país que, dicho sea de paso, visito con frecuencia. Al lado de mi pasaporte... en la mesilla de noche, encontrará algún dinero en divisa extranjera. Le ruego que lo coja y lo reparta entre sus hombres... por las molestias, claro está.

El silencio posterior a la propuesta de Sepp duró unos segundos. La voz que había hablado en la oscuridad emergió de entre las sombras y apareció encarnada en un negro no muy alto, bastante grueso y con unas gafas de pasta oscura cabalgándole sobre una nariz considerablemente aplastada.

—Esposadle —dijo con la misma frialdad con que podría haber realizado un comentario sobre el tiempo.

Sepp intentó abrir la boca para protestar pero le resultó materialmente imposible. Antes de que pudiera articular una frase, dos agentes se lanzaron sobre él, le dieron la vuelta sobre la cama y le esposaron las manos a la espalda.

—Se equi...

Sepp no llegó a terminar la palabra. Un puñetazo dirigido contra su sien le provocó un pinchazo agudo y negro. Antes de perder el conocimiento en medio de una nube de insoportable dolor, tuvo la impresión de que le habían taladrado el cerebro.

Se despertó con una inaguantable sensación de ahogo, la que acababa de producirle el que le arrojaran un recipiente lleno de agua sucia sobre el rostro llenándole las ventanas de la nariz y la boca y dificultando su respiración.

Boqueó intentando atrapar el aire que le faltaba y entonces fue cuando se percató de que estaba en un lugar totalmente extraño. Se trataba de una habitación cuadrangular de no más de dos metros por dos cuya iluminación se reducía a una bombilla desnuda que colgaba del techo. El calor que impregnaba el espacio comprendido entre los muros de aquel cubículo era realmente asfixiante. De hecho, recordaba de forma sobrecogedora el clima pesado de los invernaderos. Sin embargo, Heide comprendió de manera inmediata que lo peor no era la excesiva humedad que empapaba las paredes hasta no menos de un metro de altura ni la escasez espantosa de aire respirable. Lo más grave era que tenía que compartir aquella celda inmunda con otras personas, en concreto, con tres negros que se habían quitado casi toda la ropa, que transpiraban copiosamente y que habían llenado el ambiente con su olor a miedo y cansancio.

Sepp sintió que una náusea profunda e incontenible le subía desde la boca del estómago tras haber comprobado quiénes eran sus compañeros de reclusión. No obstante, tuvo buen cuidado de controlarse. Lo único que faltaba en aquella pocilga húmeda y repleta de olor a sudor y orines era añadirle los vahos inmundos de una vomitona. De repente, mientras se llevaba las manos al pecho para detener el asco, se dio cuenta de que aquellos africanos no le eran del todo extraños.

—¿Illoh? —preguntó con tono dubitativo como si apenas pudiera creer lo que estaban contemplando sus ojos.

—Sí, *Herr* Heide —respondió el negro—. Soy yo.

Por primera vez desde que los policías habían aparecido en su habitación, Sepp dejó de sentirse inquieto para experimentar miedo, un miedo cerval que le advertía de que la situación era inusitadamente grave.

—¿Le han interrogado ya? —preguntó Sepp al nigeriano.

El africano sacudió la cabeza negando pero aquel gesto no sirvió para tranquilizar a Heide. Por el contrario, tuvo la sensación de que si la mafia nigeriana no había logrado evitar aquella detención lo más seguro era que sus secuaces tampoco contarían con ningún tipo de protección frente a las acciones de la policía togolesa en aquel lugar infecto.

Mientras intentaba infructuosamente aliviar el calor que le oprimía pulmones y bronquios, el alemán comenzó a pensar en lo que podía haber salido mal para que ahora se encontraran en aquella antesala del infierno. Quizá se había producido un cambio en las alturas, quizá algún funcionario deseaba hacer méritos ante sus superiores, quizá el gobierno intentaba lavar su imagen de cara a una súbita campaña de denuncia en algún medio de comunicación internacional, quizá, simplemente, alguien no había repartido los sobornos indispensables. Si había sido así las razones podían multiplicarse. No untó la mano debida porque había huido con el dinero, porque previamente se lo había gastado en el juego, porque...

Sepp se llevó las manos a las sienes en un gesto convulso. Más valía que no siguiera pensando en aquellas cosas. No debía hacerlo si deseaba mantenerse lúcido para el interrogatorio. Era casi seguro que no lo tratarían como a los nigerianos pero más valía que se hiciera a la idea de que la policía togolesa no procedería como la alemana o la española.

En realidad, todo dependía de que alguien se hubiera percatado de lo que le había sucedido, de que pudiera avisar a alguno de sus contactos, de que lo pusiera en conocimiento del cónsul alemán. En ese caso aún contaría con alguna posibilidad de salir con bien de aquel atolladero. Sí. Debía aferrarse a aquella esperanza con todas sus fuerzas, con uñas y dientes. Lograría convencer a los policías y a los jueces de su inocencia y si no para ese menester estaban las presiones económicas y diplomáticas. No iban a consentir que aquellos monos pusieran sus sucias manos sobre un europeo respetable.

Con gesto a medias airado y a medias resuelto, Sepp Heide se cruzó de brazos. «No hay que rendirse, se dijo, No... con un poco de suerte en unos días estaré tomando el sol en Mallorca», se dijo.

26

—Tardamos dos días y dos noches pero, al final, conseguimos enterrar todos los cadáveres.

Amir acogió aquellas palabras con un silencio respetuoso, solemne, casi religioso. Por fin comprendía lo que, nada más llegar a la aldea, le había llamado tan poderosamente la atención. En medio de las casuchas carbonizadas no había visto ni un solo cuerpo.

—Os agradezco de todo corazón lo que habéis hecho —dijo el muchacho—. Yo..., yo...

—Tú lo hubieras hecho también si hubiera estado en tu mano —le cortó el dynka alto que hablaba con él.

—Si hubiera estado en mi mano... —balbució con un hilo de voz Amir y su acompañante no pudo saber si repetía simplemente lo que acababa de escuchar, expresaba una queja o, por el contrario, reflexionaba en voz alta.

—Bien —zanjó el dynka—. Ha llegado la hora de regresar a mi aldea. ¿Estás seguro de que no deseas venir conmigo?

Amir sabía que no podía aspirar a sobrevivir en solitario en medio de aquellos restos abrasados. Era consciente asimismo de que lo más sensato que podía hacer era aceptar el ofrecimiento del hombre que, en compañía de otros, había dado piadosa sepultura a todos los suyos. Sin embargo, algo en su interior le decía que necesitaba seguir llenando sus ojos por algún tiempo con los restos renegridos del lugar en el que un día había sido inmensamente dichoso. No. No iba a acompañar al dynka. Al menos, no de momento. Le había dejado unas provisiones y contaba con el agua del arroyo. Con eso sobreviviría unos días. Después se las arreglaría para dar con la aldea de la persona que estaba hablando con él e intentaría comenzar una nueva vida.

—Te seguiré dentro de unos días —respondió al fin.

—No sé si... —comenzó a decir el dynka.

¿Crees que no soy capaz de sobrevivir solo? —le interrumpió Amir.

Si el tono de voz con que había formulado la pregunta hubiera estado teñido por la soberbia o la desconsideración seguramente podría haberse producido un altercado pero lo cierto es que había pronunciado aquellas palabras envueltas en una capa de melancolía tan profunda que su interlocutor se limitó a mover apesadumbrado la cabeza.

—No tengo ninguna duda de que lo conseguirás —dijo al mismo tiempo que se levantaba dispuesto a marcharse.

Amir alzó la mano diestra en un gesto de despedida y dijo:

—Gracias por todo. Adiós.

El dynka le devolvió el saludo y musitó:

—Nos veremos pronto. Que Dios te bendiga.

«Que Dios te bendiga». Las palabras siguieron resonando en los oídos de Amir mientras contemplaba cómo aquel amigo inesperado se alejaba de él. Esperó a que el dynka desapareciera de su vista y entonces, como movido por un impulso que ni él mismo terminaba de percibir con claridad, se puso en pie. Durante unos minutos vagó lenta y morosamente entre los restos de la aldea. Finalmente, ante él apareció el edificio. Realmente, se trataba de los restos de lo que una vez fue una construcción. Ahora sólo quedaban un par de postes renegridos a cada extremo. Las paredes, la techumbre y cualquier otra parte de las estructuras se habían venido abajo o ardido. Eso era todo lo que quedaba de la iglesia de la aldea.

Como si, repentinamente, hubiera sentido una presencia inexplicable e inefable, Amir entró en las ruinas del recinto sagrado. Había dado unos pocos pasos cuando sus rodillas se doblaron y quedó inmóvil sobre el suelo de madera requemada. Sin embargo, su inmovilidad no duró mucho. Mientras musitaba una oración, se sintió invadido por algo que superaba con mucho cualquier cosa que hubiera podido sentir con anterioridad. Fue una sensación envolvente, tierna y cálida que le llevó, primero, a derramar unas lágrimas y luego a romper en unos sollozos que hicieron temblar su cuerpo sin emitir ni una palabra. En su corazón comenzaron a girar como un dulce remolino docenas de momentos que habían llenado de felicidad su vida anterior. Las manos de su abuela ya muerta ofreciéndole un tazón de leche; la sonrisa de su padre desaparecido contemplándole mientras aprendía a pescar; los juegos con Yamil, el hermano que había perdido; las caricias de la madre a la que no volvería a ver jamás... Sí, lloraba y lloraba pero aquellas lágrimas, lejos de apenarlo, parecían haberse convertido en un suave bálsamo colocado sobre las numerosas heridas de su corazón adolescente. Imposible precisar el tiempo que permaneció en esa posición. Al fin se levantó, dio unos pasos hacia el lugar donde había estado la puerta de la iglesia y salió al exterior.

Recorría lo que había sido en otro tiempo una calle de la aldea cuando le pareció escuchar un sonido extraño. Impulsado por la experiencia amarga de los últimos días, Amir se lanzó a tierra y pegó su oído al suelo. Sí. ¡No había duda! Se trataba de un grupo de gente y por la manera en que retumbaban sus pisadas no podían ser pocos.

Los latidos de su corazón se aceleraban, el muchacho se apartó de la calle y buscó apresuradamente con la mirada un lugar donde ocultarse, pero no tuvo tiempo. Apenas había dado dos zancadas cuando su mirada contempló al grupo que llegaba a la aldea.

Sorprendido, casi sobrecogido, Amir parpadeó para asegurarse de que su visión era correcta, de que no se reducía a un fruto de su imaginación. Se trataba, de docenas de personas pero el adolescente reparó enseguida en alguno de los componentes de aquel extraño grupo. En cabeza, más delgado también más hecho, caminaba un joven poco mayor que él apoyado en un cayado. A su lado, una muchacha que también había perdido peso pero que conservaba su belleza intacta, ayudaba a caminar a una mujer de algo más de treinta años. Eran su madre, Yamil, su hermano, y Amina, la muchacha que le había robado el corazón.

Un ligero temblor se apoderó de Amir aunque se lo sacudió con el mismo vigor con que hubiera espantado a un par de moscas molestas. Acto seguido echó a correr hacia el grupo de personas que entraban en la aldea. Corrió y gritó el nombre de sus seres queridos. Corrió y las lágrimas que se deslizaron por sus mejillas fueron un anuncio acuoso y brillante de alegría. Corrió y lo hizo no para huir de la maldad sino para encontrarse con una felicidad que había considerado perdida. Corrió y se sintió repleto de gratitud hacia el Dios de amor que había preservado su vida y la de los suyos. Corrió y fue consciente de que la primavera en el camino de las lágrimas había concluido. Corrió y supo, lo supo con una certeza que no habría logrado explicar, que le esperaba una nueva vida.

NOTA DEL AUTOR

Un tema tan extraordinariamente delicado como es el de la esclavitud a inicios del siglo XXI exige, especialmente en una obra de ficción, establecer con precisión y nitidez la línea que separa lo que es fruto de la imaginación y lo que emana directamente de una documentación contrastada.

De entrada, debe quedar de manifiesto que una institución tan vergonzosa que considera legítima la compra y venta de seres humanos sigue siendo aún legal en media docena de países pero se practica profusamente —pese a que formalmente esté prohibido— en un número cercano a veinte. Para la presente novela, escogí un continente —África— y dos países —Togo y Sudán— donde la esclavitud es una realidad cotidiana y harto documentada desde hace años pero con diferencias notables en sus manifestaciones. Mi intención ha sido mostrar que no todas las formas de esclavitud son similares —ni siquiera en el mismo continente— si bien cualquiera puede captar su carácter brutal e inhumano.

Todos los datos referentes al precio de los esclavos, la forma de captura (preferiblemente en primavera) y traslado, sus precios, su venta y su destino ulterior en África o en otros continentes corresponden a la trágica realidad de la esclavitud en los momentos actuales. También son exactos los datos referidos a episodios concretos como la matanza de Al-Diein.

Amir, Yamil y Amina no son personajes reales sin embargo, millares de dynkas sufren cada año un destino como el suyo en términos muy similares a los descritos en esta novela. Su visión del mundo, su concepto de la realidad, sus esperanzas y temores difieren en buena medida de los nuestros pero he preferido conservar todo tal y como es vivido por ellos y no como a nosotros nos parecería más sensato o aceptable. A fin de cuentas, ¿quién se atrevería a decir que su visión de la vida es la equivocada y la nuestra es la correcta?

Muhammad y Sulaiman son también personajes imaginarios pero corresponden con exactitud a los esclavistas sudaneses tanto en su papel de planificación —no exenta de razones políticas, religiosas y económicas— como de ejecución. De la misma manera, el papel representado por los baqqara es desde hace siglos idéntico al descrito en las páginas de esta novela.

Aunque la historia de Heide e Illoh es paralela a la principal y no llega a entrelazarse en ningún momento con ella, su inclusión en esta novela me parecía obligada porque permite mostrar hasta qué punto la esclavitud no es meramente una cuestión que afecta a los países en vías de desarrollo ni tampoco tiene en éste su único escenario. Ni Sepp Heide ni Boniface Illoh son personajes verídicos pero es rigurosa y vergonzosamente cierta la vinculación de la mafia nigeriana en el esclavismo y el envió de africanos a Europa para servir como esclavos en las tareas más viles. No es menos real su relación con ciudadanos de la Unión europea que sirven de conexión entre ambos continentes. En la actualidad, por citar una cifra bien significativa, tan sólo en Berlín hay cinco mil niñas tailandesas vendidas como esclavas en el negocio de la prostitución. De su situación son responsables tanto las redes de esclavitud tailandesas como las alemanas, algo muy similar puede decirse de la colaboración entre delincuentes europeos y africanos.

Finalmente, debo decir que John y Nur son seres de ficción pero están inspirados en dos personajes reales que, al igual que ellos, son uno británico y otro, dynka. La manera en que proceden a comprar esclavos para luego liberarlos es similar a la que practican en la vida real e incluso la escena final en que les otorgan la libertad es un claro trasunto de la realidad. Como se indica en este libro, semejante conducta ha sido objeto de críticas muy acerbas. La verdad es que, hoy por hoy, es la medida más eficaz —en buena medida, por no decir la única— para liberar a los desdichados que han caído en manos de los negreros.

Comencé a interesarme por el tema de la esclavitud hace más de una década y, en cierta forma, puede decirse que este libro comenzó a gestarse en aquel entonces aunque su conclusión sea reciente. Las informaciones reunidas durante estos años han sido muy numerosas. Aparte de los artículos y reportajes especializados aparecidos en diversas revistas —artículos y reportajes que en algún caso llevaban mi firma— me han resultado de especial utilidad los datos que me proporcionaron organizaciones como Anti-Slavery y Christian Solidarity International y órdenes religiosas entregadas a la liberación de esclavos como los PP. Mercedarios y los PP. Trinitarios. A estas alturas de la Historia, uno desearía creer que episodios como el del rescate de Cervantes por parte de los Trinitarios —un rescate que permitió su regreso a España y la redacción, entre otras obras, del Quijote— son cuestión del pasado. La triste realidad es que esta orden religiosa, como las organizaciones ya citadas, deben emplear buena parte de sus recursos humanos y económicos a arrancar a inocentes de la esclavitud.

Deseo también agradecer las entrevistas que mantuve con personas privadas entre las que cabe destacar de manera muy especial a Francisco Carrera, misionero comboniano y director de la revista Mundo Negro, y a Gerardo González Calvo, redactor jefe del mismo medio.